JN191431

2010.04～2024.08

Kisaragi

つぶされる女

自閉症児と親介護にはさまれて

文芸社

はじめに

この本はワタシが2005年12月から細々と続けてきたブログ「家事をしつつ、自閉症児と親介護を考える」の中の2010年4月16日から2024年8月の【自閉症親介護】のカテゴリー記事から、更に推敲を重ねてまとめたものです。2023年9月に東洋出版から出版した『家事をしつつ、自閉症児と親介護を考える①②（息子特殊学級高学年～特別支援級中学卒業まで）2005年12月～2010年3月』の続編となります。

本書では内容別に第1章と第2章と第3章に分かれています。

第1章のテーマですが、自閉症児を抱えながらの親介護の記録をグチグチと書いています。ASD息子は都立特別支援学校高等部・知的障害部門・普通科に入った途端「就労に向けてまず挨拶！　礼儀！」とスパルタ教育が待っていたものですから、まあ反抗するのなんのって。しかしその学校には発語もままならぬ生徒もいるのに個別対応せずにひたすらそれらを強要していました。当時は卒業後ほとんどの生徒が就労B型に進みました。

また、ASD息子は2011年3月11日の東日本大震災時には被災していないにもかかわらずメンタル絶不調になって、周りの人間（家族）は振り回され続けました。

それに加えてこの期間（2012～2013年）にオットとワタシの親が続けざまに病気になったり、または亡くなったりして

「しんどい」時期でした。
「しんどい」時期だったので、ブログ更新がかなり滞って間が空いています。「書けなかった」いや「打てなかった」と言うべきでしょうか。
2015年2月には年子の娘が急に発熱を続発して、後日膠原病の一種「全身性エリテマトーデス」と診断されて、更に気分は「『暗夜行路』を突き進む」でした。
障害のある子を抱えながら、それも「高等部卒業後の就労先を早く見つけろ！」と学校に追い詰められながら、更に親に「自分達の面倒をみろ」と言いまくられるとどういう風になるのかを、【そういう世界を知らない方々】にわかってほしくて収録しました。2024年の今も読み返しながら、「どうして自分ばかり『障害のある自分の子の将来』と『老いた親の介護』を全部引き受けなければいけなかったんだろう？」と、恨みが強いなと感じます。
第2章は2017年8月から2022年2月までのブログ記事を抜粋したものです。2017年8月、とある映画の撮影に関わった時に、実家の父が「下咽頭癌ステージⅢ」と診断されたというところからスタートしています。父は放射線治療の甲斐なく2018年の秋に亡くなり、『リバースモーゲージ』（自宅を担保にした融資制度の一種）で土地を売却することとなり、2019年春に実家は完全消滅してしまいました。それだけで済めばまだ良かったのですが、とある映画、つまり「実家を使って撮影していた映画」で出演していた俳優2人が3年間不倫をしていたと2020年の1月に発覚して、テレビのワイドショーに連日放映されてしまいました。

ちょうどコロナ禍の第１波が来て『日本中緊急事態宣言』が発出されていたのと同時期のこの不倫問題については、【世間の注目を『コロナウイルス』から目を逸らさせるために、わざとテレビをはじめとするマスコミが大騒ぎしているのでは？】とは娘の談ですが、それとは別にですねえ、**「こっちが癌の父親の最期を介護と看取りと後処理に苦労していた間に、あの時にワタシと出会っていた俳優２人が堂々と不倫していた」という事実に正直メンタルがやられました。**

第２章はその怒りの記録です。その関連の内容にフォーカスしていますので、前著より内容が偏っていると思います。

第３章は、ワタシ自身がうつ病歴があまりにも長いので、『精神手帳』を取得してからの話となります。

自分で「障害者雇用枠で就活しよう」と思って、障害者就労移行支援事業所に入ってみたら、『大人の発達障害』がたくさんいて、その現実に戸惑い、混乱していた様子を書いています。息子が小さい頃は「こんな子見たことない」と冷たい目にさらされていたのですが、いつの間にか状況が変わっていたことにショックを受けて、やがてその状況を受け入れざるを得ない心境になっています。

目　次

はじめに　3

第１章　自閉症児と親介護にはさまれて ―――― 15

2010.04.16（金）
特別支援学校高等部・知的障害部門・普通科へ入った息子、
帰宅するなり喚く　17

2010.05.12（水）
実家の父はストレスフル　18

2010.05.14（金）
母、救急車に乗る（すわ脳梗塞か？）　19
母、入院する（お母さんは低カリウム血症）　21

2010.05.17（月）
母、帰りたがっても……（看護師さん苦笑い）　22

2010.05.20（木）
やっぱりあなた（母）はそうしたか……！　23

2010.05.21（金）
そしてワタシは、うつ病の薬が手離せない　24

2010.07.04（日）
凹んでなんも手につかん日々　26
特別支援学校でどうしても理解し難きこと　29

2010.07.08（木）
凹んだその後　30

2010.07.10（土）
最後に挨拶は勝つ……のか？ 32

2010.08.07（土）
あー夏休み、やっぱすぐへばったワタシ 33

2010.11.05（金）
なるようにしかならない、と思う 36

2010.11.13（土）
伯父があまりにも早く亡くなった…… 37

2011.01.23（日）
息子の就労体験（インターンシップ）悲惨始末記 39

2011.07.03（日）
６月は色々考えることがあった 43
６月に色々と考えて見えてきたこと 46

2011.10.01（土）
約３ヶ月ぶりの更新……です 47

2011.11.13（日）
自閉症児を抱えながら、
身内の終末期の看取りはできるのだろうか？ 51

2011.12.31（土）
ジイチャン、今のところ元気ではあるのだが 53

2012.01.17（火）
ASD息子を転校させようとしたワタシ（母） 55

2012.03.10（土）
ASD息子の東日本大震災のトラウマとＥＭＤＲ 57
明日からジイチャンの本格的終末期介護の始まり 59

2012.12.02（日）
12月に入って超久しぶりにブログを更新しました 62

2012.12.13（木）
ジイチャンは、ワタシの右膝の軟骨を持って冥土に旅立った 64

2012.12.15（土）
親の介護と自閉息子の就活の両立は無理だ！ 67

2012.12.31（月）
いいかげんな長男、真面目な次男の１年 69

「私をドライブに連れて行って」と母は言い、
父は怒るのリフレイン 71

2014.01.03（金）
ただ今、喪中につき新年の挨拶はご遠慮中……です 73

2013年１月の出来事～老老介護の果てに～ 75

2013年３月、ASD息子は都立特別支援学校
高等部・知的障害部門・普通科を卒業した 78

2014.06.17（火）
エマージェンシー（緊急事態）なことは
特別な行事の前に起きる 79

2015.02.08（日）
娘発熱、母胃痛……大学病院に行った 83

2015.02.12（木）
娘発熱、継続中……今日はまた、血液検査がある 84

2015.03.31（火）
娘入退院、老父入退院、そして犬が死んだ 86

2015.06.20（土）
とうとうワタシの頭はうつが悪化したようだ 88

2016.12.23（金）
2016年８月下旬から今までにあったこと 90
実父の入院は約１ヶ月続いた（８月下旬～９月下旬）更に……93

2016.12.26（月）
実父と実兄のエクスキューズ（言い訳）
そしてワタシは病んでしまい 95

2016.12.28（水）
有料老人ホームのススメ（ヨユウがあればね） 97
死はすべての人に平等に訪れるものなのか？？　その１ 99
死はすべての人に平等に訪れるものなのか？？　その２ 101

第２章　不倫と癌の父とワタシ ―― 103

2017.08.19（土）
実家が映画の撮影に使われる日に、実父の癌診断 105

2017.10.13（金）
「じいさん寝たきりになったらどうしよう」と言ったら、
娘に「朝からそんなこと言うな」と怒られた 107

2018.01.27（土）
思い返せば、去年の映画撮影から予兆はあった 109

2018.01.29（月）
みんな「自分が一番大変だ」と思っている（ワタシも含めて）113
去年はASD息子の転就活、今年は娘の国家試験と就活 116
老父の親戚付き合いまで、ワタシの担当かよ？
やっとれんわ！ 118

2018.01.31（水）
実父のPET検査の付き添いをしたら、風邪をぶり返した 119

2018.05.23（水）
ＯＵＴの２月、３月、４月……かくも長き沈黙状態だった訳 121

2018.06.22（金）
今、ワタシは非常に機嫌が悪い 123

2018.06.24（日）
今、ワタシは非常に機嫌が悪いが怒る気力もない 125

2018.09.06（木）
９月になった、前のブログから２ヶ月たった 127

ASD息子と、膠原病娘について 130

2018.09.30（日）
なんだかもう…… 132

※2019年のブログ更新はほとんどなし

2020.01.21（火）
浅川の片隅で呪いの言葉を叫びたい前編
（かなり前のベストセラー本のパクリ） 135

浅川の片隅で呪いの言葉を叫びたい後編 136

2020.01.22（水）
2019年ワタシは暦の上でも八方塞がりの年だった 140

2020.01.23（木）
ワタシが黙っていない！
浅川の片隅でこの大馬鹿野郎と怒鳴りたい 144

2020.01.25（土）
イライラが再発してしまった…… 146

2020.02.09（日）
今更ながらの話…… 147

2020.02.20（木）
サインはね、捨てました 148

2021.08.26（木）
父と息子
「シティキャスト
行きまーす！（アムロ・レイ風）」だと 150

2022.02.20（日）
年金や退職金をぎょうさんもらっても、放蕩三昧したら
スッカラカンになるのえ！（どこの方言だ） 152

**第３章 『大人の発達障害』に
戸惑い、反発し、やがて受けいれる** —— 157

2023.01.02（月）
誰のせいでもねえすべて俺のせい①（Spitz『ワタリ』より） 159
誰のせいでもねえすべて俺のせい② 160
誰のせいでもねえすべて俺のせい③ 161
誰のせいなのか時代の流れなのか？ 162

2023.03.23（木）
昨日NHK夕方首都圏ネットワークで
『特別支援教育』について10分弱の放送があった 163

2023.03.24（金）
恵泉女学園大学（多摩市）の閉校のニュースについて 164
2023.03.29（水）
『発達障害ビジネス』 166
2023.07.19（水）
これは事件だと思った市川沙央氏・芥川賞受賞について 167
2023.08.04（金）
東京都の特別支援学校高等部のエリート教育ですか？ 168
2023.08.05（土）
南多摩地区特別支援学校（仮称）が新設される場所って……！ 169
2023.08.06（日）
ギフテッドと発達障害の違いがわからない 170
2023.08.09（水）
薬と教育と親 171
2023.08.18（金）
これが『ゆとり教育』の成果か！と思った 174
2023.09.11（月）
今日の『あさイチ』のテーマで『HSP』を扱っていたらしく、
それも胃痛の原因か？ 176
2023.09.20（水）
「教育を受ける権利侵害」北海道のろう学校にて 177
2023.10.29（日）
ASD息子が合同面接会に１人で行った後の、聞いた話 178
2023.10.30（月）
ワタシが通所した障害者就労移行支援事業所の思い出話 180

2023.11.19（日）
とうとうこういうタイトルの新書が発行されてしまいました　181

2023.11.24（金）
「どうして？」ってこちらが聞きたいよ　182

2024.01.26（金）
ろくなものじゃないな、東京都の特別支援教育
（NHK首都圏情報ネタドリ！）より　184

2024.01.27（土）
『通級指導』を待ち続けるより、
『フリースクール』を選んだ方がいいのでは？　186

2024.01.30（火）
『親が癌で死んだ』のを思い出すとキツイですね　188

2024.02.03（土）
２月１日、58歳精神手帳持ち女
ビッグサイトの『障害者就職面接会』に行った　189
２月２日ASD息子の面接に成り行きで同行しました　190

2024.07.01（月）
『自立』という言葉が我が家からヒラヒラと飛んでいく～　192

2024.07.02（火）
最近、マンガ家や小説家が
「自分は発達障害」と言い出しているような　193

2024.08.05（月）
『あらゆることは今起こる』を読んでみました　194

おわりに　197

第１章
自閉症児と親介護にはさまれて

2010.04.16 ～ 2016.12.28

前頁写真／「母は派手な花柄の服が好きでした」とCM風に言ってみる

2010年
04月16日
金曜日

特別支援学校高等部・知的障害部門・普通科へ入った息子、帰宅するなり喚く

息子は公立中学校の特別支援学級の後半で「早退と欠席多め」で過ごしてきたから、進学した都立特別支援学校高等部での月曜から金曜まで学校でフルタイム（午前９時～午後３時半）を過ごすのは相当お疲れだっただろうよとは思う。新しい環境に慣れるために数日頑張ってきたのも考慮してあげよう。だから今日の学校給食の時のお片付けでちょっと担任に注意されたら少しピキッとキレテ、体操着のまんま帰ってきてもまあ致し方なかろうよ。でもねえ、相変わらずガーガー文句を母親にぶつけるのはこっち（母のワタシ）もコメカミに「(#ﾟДﾟ)」マークが出てしまうのよ。「うっぜえー！」（心の声）

帰宅後にオーラップとアキネトンを頓服させて夕方寝かせたが、起きたら「夕食のメニューが気に入らない！」とまた喚きやがって！「月曜日は学校休む！」とも叫びやがって、「中学の時休みがちだった悪影響が出ちゃったか、くっそー！」（心の声その２）

こんなさえない新生活のスタートを切った息子は果たして【大きくなったら、明るく元気に働く大人になる】（戸部けいこ著のマンガ『光とともに……自閉症児を抱えて』のセリフ）ことができるだろうか？
「やっぱりカンシャク系（積極奇異型ASDも兼ねる）は扱いが難しいのでは」と今度は眉間に皺が寄ってしまうのだった。

昨日はきのうで、中３娘が目を赤くしながらえらく遅く帰ってきた。「クラブで何か揉めているの？」と聞いたら「お願いだからこれ以上聞かないで！　友達と話していたら涙が出てきただけだから」ときたもんだ。どいつもこいつもまだ手がかかる。実家の親は手のかかり度が更に増してきているし。ワタシは「自分はまだ大丈夫だろうか？」と自ら問うてみる。

2010年
05月12日
水曜日

実家の父はストレスフル

今日から娘が修学旅行に行ったのだが、午前４時半起きをして朝の準備をしたので家で１人になった途端、ワタシは意識を失っていた。「グウ～」と寝ていたら実家の父から電話が来た。認知症の母の様子について「一昨日の10日に自治体の調査員が来て〔介護保険の適応がどこまでできるかのチェックをする〕」と以前言っていたので「そっちはどうだった？」と聞いてみたら、「そういう調査の時はしっかりしてんだよな」と何やら不満げである。そういう時にしっかりしていた反動が来たのか、今はホニャララの度合いがひどいらしい。

■朝起きるのだけで20分もかかっている

■もう昼間１人だけにしておくのはかなり心配

■ふざけてんのか？　何だよ、ありゃ？

と、かなり頭に血が上っている父。「母は調査員が来た時にすごく緊張していたから、その反動で今疲れちゃっているんだよ」とフォローはしておいた。【自分は認知症】って本人自身はわかっているはずなんだが、その症状の実態を調査員に知ってもらうべきなのに、何故無理やり自分を奮い立たせてしっかりしている振りをするのか？　やはり見栄を張りたくなってしまうものなのか？　それはまるで息子が幼児期に受けたIQテストの結果を見て「え～、もっと物事を理解していると思っていたのに～」「IQもうちょっと高いと思っていたのに～」と悩むのと同じ感じか？　IQ値が高い時期だけを心の拠り所としてしまうのと似ているだろうか？

2010年
05月14日
金曜日

母、救急車に乗る（すわ脳梗塞か？）

13日の朝は「今日は息子の担任の家庭訪問だから、もう少しリビングを掃除しよう」などと思っていたわけだ。なのに朝８時半に父からの電話で、さすがのワタシも想定外のことでパニクったのだった。「朝、どうしてもママ（母をこう呼ぶ）が自分で体が動かせなくて起きられないから、これから救急車を呼ぶ。お隣の奥さんもそうした方がいいと言っている」ときたもんだ。「お前、これからこっちへ来られるか？」といきなり言われて「△□★！」となってしまった。「脳梗塞を起こしたか？」とあせった。「今日はダメだよ、家庭訪問が」なんて混乱した会話をしていたが、徐々に冷静さを取り戻した。とりあえず息子の学校に「今日の家庭訪問はキャンセル」と伝えようとしたが電話がずーっと話し中でつながらない！「えーい！徒歩圏なんだから直接学校へ行って担任と話すか！」と自転車に乗って学校へ出向き、こちらの状況説明をする。そして息子を呼び出してもらって「こういういきなり想定外のことが起こった！　今日は家庭訪問なしで留守番してくれ」と伝えたら一応了解してくれた。……発達障害児でも、障害の度合いによっては【留守番ができないタイプ】もいるのだからその辺はありがたいものではある。そうでなかったらどうなってたやら。しかしながら本当にワタシはパニクっていた。会社勤務中のオットに電話して「家庭訪問の時に父親のあなたが家に帰ってきて対応してくれないか？」とか頓珍漢なことを言ってしまったし。その一方で「そもそも息子の担任の家庭訪問日にこんなことになって。我が家がこんなドタバタしているのに、とある家（実兄一家）はノホホンとしている現状は許せない」とちょいと怒りスイッチが脳みそのどっかで入ったのだった。

実兄の携帯の留守電に「実家の母の様子がおかしいので救急車に乗ったぞ。こっちだって障害児抱えて大変なんだからあなただって少しは動いてよ」とキツメにメッセージを入れておいた。そりゃあ実兄だって会社勤務中だとは百も承知である。急に動けないことくらいわかっていたさ。でもそうでも言わないと気が済まなかったんだよ！「こっちが『家庭訪問が～』とか『息子が混乱しないようにどう話せば～』とかパニクりながら行動しているんだから、あっち（実兄一家）も少しは動揺しやがれ」（続く）

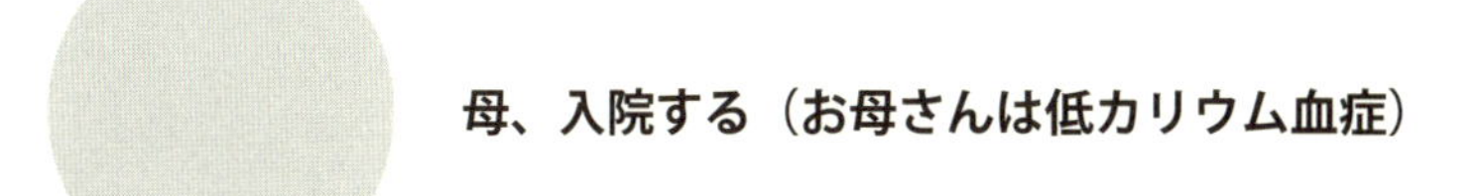

母、入院する（お母さんは低カリウム血症）

あたふたと不安を抱えながら実家にはせ参じたら、父が病院から戻ってきていた。「血液のカリウムが足りなくなったせいで、体が動かなくなったらしい」とのことだった。「カリウム～？」脳梗塞じゃなかった！　良かった！　と一応ホッとする。更にここ数日の様子を聞いたら何故（低カリウム血症）になったかおぼろげながらわかってきた。数日前から足がむくんでいたので利尿剤をもらって服用、そうしたら利尿剤のせいでカリウムも排出してしまったので低カリウム血症になった……というわけだ。「だ～か～ら～生活習慣病の総合デパートなんだから！」と段々腹が立ってきた。父の方はというと「カリウムが不足気味なんて主治医は毎月血液検査していたのに何診ていたんだ！」と怒っていたが。

■糖尿病／インシュリン注射するほど

■アルツハイマー型認知症

■脊柱管狭窄症

等の薬を何種類も飲んでいるのもなんだかなあと思う。「なんでこうも全身ガタがきちゃったんだろうね？」と父と一緒に午後３時過ぎのお見舞いに行く時に話していた。母は自分のことを頭のいい大学出身だといつも自慢して言っていたが、

◎家の中が片付けられなかった

◎家事全般が苦手

◎汚れた家に居たくないからなるべく外出して、楽しいことばかりしていた
……その成れの果てがこういうことかいな？

2010年
05月17日
月曜日

母、帰りたがっても……（看護師さん苦笑い）

母が低カリウム血症で緊急入院してから今日で５日目となったのだが、見舞いに行けばずっと「家に帰る」と言うので父も娘のワタシも大いに困惑している。近くを通った看護師さんに本人の意向を話したら「まだ立ちくらみがあって筋力もないからリハビリをして回復してからです。無理に動いて転倒などするのが一番危険なんですよ」と伝えられる。「実は、以前入院した病院を気に入らないからと１人で帰ってきた（つまり脱走ですな）ことがあるのですが。今も隙があれば本人は家に帰ってきてしまうつもりらしいのですが」とつい過去の出来事を看護師さんに話す。そうしたら【そもそも身体が動かないなら脱走しようにも無理でしょ】という顔を一瞬される。母の頭の中では①早く回復する、②少しでも動けたら家に即帰る、という計算だが、現実は回復の兆しが見られる➡少しでも動けたらリハビリを開始➡以前の状態に戻ったらやっと退院、なのだから、腹をくくるというか「家に帰る」なんて駄々をこねずに観念してほしいものだ。が、しない人なのこれが。今まで【自分の思った通りに物事・人を動かす】という意思の持ち主だから、

自分の考えを軌道修正なんてするわけない。「家に帰る」と言い続ければ、家族がそのしつこさに折れると思って口撃中だ。
「今、家に帰ってきてもどうしようもないよ」と父はぼやく。

2010年
05月20日
木曜日

やっぱりあなた（母）はそうしたか……！

今回の入院は母が自分の健康管理をまるっきりおろそかにしていたことが招いた結果でもあるし、以前から生活習慣病の総合デパートだったのだから、「はっきり言って自業自得じゃん」と母に批判的な娘はぼやく。

しかし母の方が一枚うわてだった。長年のやり方で【人を自分の思い通りに動かす能力】が強力だったのだ。月曜日から徐々にリハビリを始めたが、まだ回復していない段階であっても「リハビリでだいぶ良くなったから家に帰る」と父に口撃しまくって、とうとう父は折れてしまったのよ。父に「母に負けたんだね」と言ったら、電話口で苦笑していたように感じた。そしてやっぱり自分の思い通りに事を運ばせて、まだおぼつかない足取りで（リハビリでは良くなった演技をしていた）病院専用の寝間着姿のままでタクシーに乗って家に帰ってきたそうだ。母の自分の思い通りに事を運ばせるエゴイストぶりに娘のワタシはかなり頭に血が上ってしまっている。だから次の日、父が病院へ寝間着を返しに出かけた際に母から「１人で留守番がイヤだから、お前来てくれない？」と懇願されても断った。

「ワタシがそっちに着く前に父は戻ってくるから、今そっち行く必要なし！（元気になって退院したんだろ？　ならちょっとの間１人で留守番なんて平気だろうが！）」とピシャリと言ってやった。何でもかんでも自分の思い通りに人を動かそうとするんじゃねえよ。というわけでここ数日のゴタゴタは「母は可哀想、大変だわ！」なんて思いなんぞどこかへ吹っ飛んでしまった結果を迎えたのだった。どこかで予知はしていたんだけどね、あの自己中の母が大人しくゴネないで入院し続けていられるかどうか？　と。何でも自分の思い通りに人を振り回すのが上手い人間というのはいるもんだ。そういう人間って変な愛嬌があるから、そのコケティッシュさに目を眩ませられるんだけど。

嫌な出来事は重なるものである。ワタシがそうこうしている間に、息子が「とある先生が厳しい」と夕食後に１人で思い出し怒り、【別名フラッシュバック】からパニックを起こして暴れたのだった。手のかかる身内に翻弄されまくったのでここ2日ばかりワタシはすっかり呆けてしまったのだったが……（続くか？）

2010年
05月21日
金曜日

そしてワタシは、うつ病の薬が手離せない

実家の自己中母から再度電話がかかってくるのが嫌だったので、昨日はさしたる用事もないのに外出した。しかし母はそん

な娘の抵抗などへでもない。今朝ゴミ出しをして帰ってきた途端、また実家から電話がかかってきた。

母「今日はあなた『午後用事がある』って言っていたから、午前中来れないわよねえ？」

ときたもんだ。用事があるのはうつ病の心療内科に行くんだよ！　とムカつきながら、

ワタシ「無理です」

母「こっちに来ても忙しくてバタバタするしねえ。お前が疲れちゃうしねえ」

と、こっちの体を気遣う振りをする。

ワタシ：（ムカついたまま）「そうね、特に入浴介助が疲れるわよね。元気になったから退院したんでしょ？　ならば自分の体くらい洗えるでしょ？」

と嫌味を言ってやる。

自分は老いで体が弱くなっているから、父と娘の介助・介護に依存する＝自分の思い通りに身内を動かすという依存べったり性格に全く頭にくる。「娘がいて良かったわ」なんて近所に言いふらしてお人よしの娘のワタシがいかに重宝するかを喧伝しているし。【頭のいい愛すべき長男（実兄）】には、敢えてそういう介護の大変さを経験させたくないから当たらず触らずの関係を作っているし。

また実兄もずる賢いから、自分の負担になる親の介護から目をそむけている。母親が入院中に見舞いに全然来なかった。結局は家族の中でも【ずる賢い人間は他者に依存する／お人よしの人間は負担を強いられる】というわけだ。そしてお人よしというババを引くのはワタシなのだなあ。全くソラナックスと

ジェイゾロフトとエバミール（うつ病の薬）がないと、やっとれんわ。何度ワタシは訴えたことだろう、「ワタシは自閉症の子供を抱えているんだから普通に家族をやっていくだけで大変なんだ！　こっちの事情も察してくれ」って。こっちの苦しみの言葉には今までずっと知らん振り・聞こえないふりをしていたくせに。子育ての悩みなんか聞く耳持たなかったくせに。そうこうしているうちに、実家の親はいざ自分達が弱ってきたらおんぶお化けみたいに張り付こうとしている。「娘がいて良かったわ」と微笑みながら。自己中母に人生を支配されるワタシ。そしてさっきもまた留守電に電話が入っていた。

2010年
07月04日
日曜日

凹んでなんも手につかん日々

先週の金曜日の夕方に息子の学校の担任から電話があり、どうも精神安定剤のオーラップ１錠増やしたからってそんな劇的に息子の行動が改善するわけなかったのだった。「悶々と悩んで小児精神科の主治医と話しあってこうしたのに、効果出てないじゃん！」てなところか。「相変わらず気になる女子を追っかけたり、ふざけたりしていますけど」とも言われた。親のワタシがこんなに悩んでいるのに！　誰だ？「自閉症児者は基本的に真面目だ」なんて言っていたのは？　違うじゃないか！本人に聞いたら「学校ではどうしてもおふざけモードが働いてしまう」だと。更に「何しに学校へ行っているの？」と本人に聞いてみると「遊びに行っている」だって。ワタシのコメカミに怒りマークが出っ放しだが、当の本人はケロリンパとしている。

いや担任は本当のところ、日々の素行について電話してきたのではないのだ。来週の水曜日にとある通所施設に学校の生徒が見学に行く予定があるのだが、授業でその説明を受けている時にあまりにも先生方が「挨拶は大事」「けじめをつけるのは大切」と力説しすぎて、息子が「けじめがつけられない自分は行かない」と教室を退場したんだと。先生は「全ての生徒に対してそう言い含めていたのですが、本人が『そこに見学に行くのは親と決める』と言い出しまして。日にちも迫っていますので来週の月曜日までに親子で話し合って決めてほしい」て、なんで親がそういうことを決めるのかっつーの！　もう本人と親はあらかじめ「施設見学に行きます」って返事しておいてそのつもりだったのに、挨拶は大事なんて強調ばかりするから、本人の行く気をそいでしまったのは学校側だろーが！　学校で起こったことなのにどうして親が考えなければならないの？　オットは「学校側と本人が話し合って決めるべき」と言うし、本人はもう「行かない！」の一点張りだし。

そもそもワタシも「挨拶が完璧にできなければ施設見学に行ってはいけないのか？」と思ってしまうほどの電話での報告だったのだよ。だから「挨拶ができないと行っちゃダメなんですか？」と担任に聞き返したら「そんなことありません。言葉が不明瞭な子もいますし。ただ【けじめが必要だ】と生徒に言っていたのですが」だってさ。言葉がちゃんと出ない子も見学するのに【挨拶が大事】って言いすぎだよ！　受け手側からすれば【挨拶できる＝OK】【挨拶できない＝NG】と２択になってしまうでしょ！　**障害で言葉が出ない子や心理的な問題とかで言葉が出ない子もいるのに。そういう子がいるのが特別支援学校でしょうが！**　明日の連絡帳にはオットのアドバイス通りに「親は行かせたいから学校側が【挨拶ができなくても見学できる】と本人を説得してください」と書くつもりだ。でも先生方が説得しても本人は「行かない！」と言い張って交渉炸裂・よくて軽いカンシャク・悪くて大きなパニックが発生しそうだな〜。

　まして明日の月曜日は本人の苦手な授業（清掃）があるからな。地雷がいっぱい埋め込んである所に子供を押し出すというわけ。悪い予想ばかりして何も手につかない。うつ気分がまた充満して、寝て現実逃避してしまった。しかしながら、色々考えに考えて「都立特別支援学校高等部・知的障害部門・普通科」に進学したのに、これでもう大丈夫だと思ったのに、どうして何かにつまずいてばかりいるんだろう？　もうここ最近は「給食がマズいから食べない」と給食費がもったい無いことをしているし。選択を間違えたのか？　まだ我慢が足りないのか？　考えが甘かったのか？　これ以上どうすればいいんだ？

特別支援学校でどうしても理解し難きこと

息子の通っている都立特別支援学校での授業の【生活単元】でだろうか「大人になったら何になりたい？」と先生が生徒に問うたらしいのだが。**「大人になったら何になりたい？」ってこの学校の生徒に直接聞く内容か？　全然理解できない、その問いの意義が。「何に」なんて言ったところで、作業所か福祉施設で働く／特例子会社で働く／障害者雇用で働く／一般就労する／家にいる、って選択肢くらいしかなかろうよ？**

では「ボクはお医者さんになります」とか「弁護士になります」とか「サッカー選手になります」とか「電車の運転手になります」って生徒が返したら、どう反応するのかね？「もう少し目標を下げて。君には無理だよ」なんて残酷な言葉を吐くのかね？「大人になったら何になりたい？」って問いかけることで「働くとは何か？」を生徒達自身に考えさせるとのことだが、そもそも『障害のある生徒』にそこまで考える余裕があるだろうか？　普通の定型発達の子供（高校生）だって、自分の将来像なんかまだ具体的に掴めるかどうかだよ？　ウチの坊ちゃんはその繰り返される問いに「ボクは無職でいいです。お金は銀行からカードで出します」と答えるもんだから、先生のレッドカードが出されてしまうのだった。そして【不真面目】という印象を持たれてしまう。しかしながら、どういう就労の形をとったところで経済的に親から完全自立などできるのだろうか？

先週、多摩地区の通所施設の説明会が学校であったから出席したが「例えばあそこで働けば給与は……それではアパート代なんか払えるわけないジャン！」てな金額だったわよ。

「自立」「自立」とハッパはかけられても、お金の面だけで「無理だ！」と言わざるを得ず。

2010年
07月08日
木曜日

凹んだその後

今週の最初の方で凹んでいたのだが、やっぱりというか【息子、進路見学会には行かなかった】のであった。確かに『挨拶』とか『けじめ』とかばかり先生方に強調されてヘソを曲げてしまったのもあったのだが、その他にも本人なりの理由が多々あって「ボクは行かない」と決めてしまった。学校側が色々生徒に言い含めていた『挨拶・けじめ』を〈課題A〉とすると、息子が不安に思っていた諸々の事柄は〈課題B〉であって、並べてみると全然違う代物だったのだ。そして息子の不安〈課題B〉が解消されるのは当日までわからないっていうのもあったので、本人が「もうボクは見学に行きません」と結論付けてしまった。息子の不安に思っていた事柄〈課題B〉とは、

1．初めて行く場所でよくわからない。不安だ
2．みんなと行くまでに、他生徒が騒いだらどうしよう
3．移動に使う電車に乗る時に何両目に乗るのかわからない

4．電車内で騒がしい時に、持っている音楽（iPod利用）を聴きたいけどそれができない。イヤーマフは雑音が完全にシャットダウンできないのでどうすればいいのか？
5．昼食は予めメニューを決めるとのことだが、予算とメニューの照らし合わせが不完全
6．昼食時に座る席がどこになるか不安、騒がしい所だと困る

などなど……。学校の先生方の懸念と全然違うでしょ？

まあ重箱の隅をつつくような細かいことを気にする奴なんですよ、息子は。障害特性だとは思うのだがそのあまりにも微細なことを気にする性格に付き合う側は人知れず苦労するのだった。先生方もさすがに息子の取り扱いが（どういうところがホントに面倒なのか）がわかったであろう。

まあ特別支援学校なんだからその辺はプロフェッショナルに対応してもらいたいものだ。

これが鉄道イベントだったら「初めて行く所」だろうが「混んでいるかもしれない？」だろうが平気なんだよねえ〜。まあ事前に自分で入念に下調べするからだろうが。でも想定外のアクシデントが鉄道イベントであるとキレるけど。

他生徒が進路見学会に行っている日はカウンセリングを予約して受けさせました。

2010年
07月10日
土曜日

最後に挨拶は勝つ……のか？

今週の金曜日にワタシの予測どおりと言うか、水曜日にあった『進路見学会』の事後学習が授業であったのだが、息子は前のブログで紹介した通りにその日は別行動で行かなかったでしょ。だから当然授業内容が面白いわけないじゃん……てなもんで。しかしながら学校の先生方、またしつこく・くどく・こだわりを持って強調していたらしい。連絡帳によるとだねえ、見学先の方より働く時に大切なことは何かと話してもらったことをもとに学習しました。①挨拶　②掃除　③どんな仕事でも嫌がらずに取り組む、など少し耳の痛い内容だったこともあり……（略）要するに最後の方はウチの坊ちゃんキレテしまいましたとさ。

そして、『進路見学会』の次は「修学旅行のアンケート」と来たもんだ。質問項目に【飛行機に乗ったことはありますか?】とあって、一瞬のけぞりそうになった。ハイ、ウチの坊ちゃん「飛行機は落ちるからイヤだ」と拒否しているので生まれてこのかた乗ったことありません。
「落ちるからイヤだ」と言われればこちらも「100%安全とは言い切れない」ので返しようがありません。息子が小学校の学校行事などで初めて行く場所に不安を持つ場合、事前に家族で現地に連れて行くってことを今までしてきましたが飛行機の場合それができません。まあそんな訳で【息子の学校の修学旅行】も「ボク行かない」というパターンに陥りそうな予感なのよ。しかし手間がかかる息子だよ。障害特性と思ってもここまで面倒だとなあ。「あんた（ワタシ）、甘いよ」と言われればそれまでだけど。

2010年
08月07日
土曜日

あー夏休み、やっぱすぐへばったワタシ

我が家のASD息子さあ、
■１人で留守番できる
■１人で長い一日を過ごすことができる
■１人で行き慣れた目的地まで公共の交通機関を使って移動できる
ようになったけれど、それだけでは彼の夏休みは充実したものにならないらしい。両親ともあれこれフォローしなければ、息子は「暇だ！」とストレスフルになってしまう。でもワタシは８月上旬現在、既にギリギリなメンタルになってしまった。それで昨日『支援ネットワークブック』なるもので息子のための【夏休みのデイケアサービス】に何ヶ所か電話してみたがそう都合よく見つかるわけもない。こういうのは早いもの勝ちだし息子くらいの生活力があると「支援なんか受けなくたって別にいいじゃないの？」という判断もされそうだしなあ。まあワタシが息子の世話だけをしていればよい……という立場でないことが原因なのだが。

今週の初めに【娘の部活動の大会をワタシ１人で見学、息子は留守番】だけだったらまだマシだったのかもしれない。

娘の中学での最後の大会を観るために息子に色々言い含めてお昼もまっとうなものを作っておいて、大会終了後息子のために手土産付きでまた即行で帰ってきて……そうまでしても子供２人にはそれほど感謝されないものだったので疲れちまった。まあその次の日が更にアカンのだったのよ。

「やはり、老人介護と障害児の世話は両立できない」と思い知らされた。事の始まりは娘の大会前日にあった実家の老父からの電話だった。それによると「施設に居る老母の兄（母方の伯父）がタバコの吸い過ぎのせいで肺気胸になって入院することになった。手続きをするために老父が片道３時間かけて病院まで行かなければならない。だからお前（ワタシ）が老母の面倒を見てくれ」と言われたのだった。

■毎日何があるかわからないから、息子の８月の塾に通う日が決定しづらいし

■ワタシが「この日は塾日」としても、オットが「オレが休みの日に『塾日』を入れるな！」と怒るし

■息子が楽しみにしているNHKの『おかあさんといっしょ』のCDが８月４日発売予定だとしても、その日の内に即行で手に入ることないし

■心身疲労すると、普通のご飯作るだけで精一杯だし

■中３娘の高校の進学先の心配もしなければいけないし

■ASD息子のご機嫌だけ取っているわけにもいかないし

もう少し息子の障害が重ければ……、『息子への支援も色々

受けやすく』『実家もワタシに色々頼み事もしないのでは』と考えるのは……不謹慎だろうか？　**なんでこんなに「自閉症児を抱えて／老親の介護を抱えて」と色々ワタシだけが背負わされてしまうのか？**

ワタシがこうしている間に確実にラクをしている人間がどこかに存在すると思うと……腹が立つ。でもラクをしている人間に文句を言ったとしても「聞こえないふりをする」のは今まで何度もされてきたからなあ……。こうやってグチグチとブログに毒を吐くしかできない……。

それにしても、老母の兄（後天性障害で施設に居る）がタバコの吸い過ぎで肺気胸になるって話は「なんじゃそりゃ？」だわな。よく『障害者の人権』とか言って「彼らのやりたいようにやらせるのはいいことだ。喫煙、飲酒したっていいじゃないか。人生をエンジョイして何が悪い」という考えが耳目に触れるが、タバコの吸い過ぎで自分の身体を壊して、巡りめぐってこちらにまでトバッチリがくるのがかなり頭にくる。　障害のある人が病院にお世話になると、細かな手続きは血縁関係者がしなければいけないんだよ？　日頃面倒をみている施設の人達はそれはできないんだよ？　どんなに遠く離れて生活していようが、それが決まりなのだよ。それにしても肺気胸を治した後に老母の兄は完全禁煙できるのだろうか？

2010年
11月05日
金曜日

なるようにしかならない、と思う

父の兄（伯父）が癌を患ったと知らせが来た。父が伯父を見舞って様子を語ってくれたが「黄疸が出てきている。まだスタスタ歩いていたが後で『疲れた』と言っていた」という様子らしい。「本人にはまだはっきりと告知していない」とも言っていた。黄疸つまり肝機能の低下だから悪化……と以前のオットの母の時の様子を思い出す。年末までもつかどうか……本人以外はある程度覚悟しなければならないというわけだ。ワタシも覚悟しなければならないな、「お正月辺りにその時は来るかも。お正月をお祝いどころじゃないかもな」と。その時が来たらまたワタシが実家で認知症の母親と犬猫の世話をしなければなるまい、父も動揺するだろうし。**そう考えると同時にちらと「息子が自閉症じゃなければ、こういう不測の不幸な事態でもまだワタシの負担は軽かっただろう」とも思う。万が一【いつもと違う正月】を迎えたら、息子は果たしてどう反応するだろうか？　イヤ、一般的に自閉だろうがなかろうが大変だよコレは。でもどうしようもないことなんだろうなあ。**
「なるようにしか、ならない」と最近考えている。息子が職場見学に行けなくても、学校の指導「挨拶と礼儀をきちんとしなさい！」等についてカンシャクを起こしても、年子の娘の高校選びが難航していて成績が振るわなくても、伯父が癌で年末までもたなくても、それでまた親の介護に自分が駆り出されるとしても、どう抗ってもしょうがないという心境である。うつのクスリを飲んで、耐えるしかないだろう。

2010年
11月13日
土曜日

伯父があまりにも早く亡くなった……

前のブログで「なるようにしかならない」と書いた内の懸念の一つだった【父の兄の癌末期の結末】が、ワタシが思ってたよりあまりに早く唐突にやってきた。11月の初めに、父が伯父再入院の際に見舞ったばかりのその後ひと月も経たずにもう亡くなってしまった。まあ私見だが「オットの母（義母）の癌末期の最後の3ヶ月間は本人の苦しみがすごくてそばで見ているのもキツかったから、それに比べれば伯父はその苦しみが短かったからその点では良かったのでは」と考えている。……しかしその後の展開が「あ・ありえない〜！」という有様なのだ。

1．父に「『認知症で病弱な母』を伯父の家（岐阜県高山市）まで連れてお通夜と本葬に出る！　お前と実兄も一緒に来るように」と命令を受けてしまった。
2．ワタシ「何故？　母には岐阜までの行程はキツイよ、止めた方がいいよ。ワタシが母とこっちで留守番するから」と反論したが全然聞きやしない。
3．父に「お前だって血がつながった伯父さんなんだぞ」とまで言われてしまった。

そこまで言われると、または「母をどうしても岐阜に連れて行く」という父の執念を見て降参せざるをえなかった。というわけで、明日の日曜日から火曜日まで岐阜に父・母・実兄・ワタシの４人で行くことになった。

なんかあまりにも様々な物事が襲ってきて内心かなり動揺しているのだが【物事をあまり深く考えないスイッチ】を頭の中で押して、淡々と行動しようとしている。オットは今週土曜日から日曜日に息子を連れて【自分の実家（高齢ジイチャン１人暮らし）の所へお泊まり】なのだが、息子は更に月曜日と火曜日に学校を休んでもらうことにした。息子にしたら「好きじゃない学校を休めるからラッキー♪」と思っているかも知れないが、高齢のジイチャンにあいつの世話をやいてもらうのもちょっと気が引ける。かといって息子が【自分１人で、自分の世話を完璧にする】のはちょっと難しい。こういうご不幸（アクシデントとも言うか）があると「息子が自閉症でなかったらここまで色々負担に思いわずらうことはないのに」と思う。「息子が自閉症ではない高校生だったら、２日ぐらいほうっておいてもどうにかなるだろうに」と、考えてしまう。考えても仕方ないんだけどね。

オットは「他家に嫁いだ娘（ワタシ）がどうして遠い地方の親戚の葬式に行かなければならないんだ？」とえらく複雑な顔をしていた。またオットは「お前のお兄さんが東京から岐阜まで車を出せばいいじゃないか？　お母さんだってその方がいいだろうに」とも言っていたが、ワタシは「だって兄本人が『自分は年だから、長距離運転はもうできない』って言うんだもん。49歳はもう年なのよ、とし！」と言うと、実兄と同い年のオットは〔理解できない〕という顔をしていた。

オットは更に「お兄さんが交通手段とか宿とか色々手配してあげればいいのに」とも言っていたが、ワタシは「ありゃ薄情だからね」とつい言ってしまった。

結局のところ交通の手続きはワタシ（オットのヘルプ付き）がしてしまったし、今日は下準備で母の髪を黒く染めてと、色々動き回っちまった。そして明日は岐阜に行くのか……。

まあ、淡々とやりすごそう深く考えずに。

2011年
01月23日
日曜日

息子の就労体験（インターンシップ）悲惨始末記

前の記事からはや２ヶ月以上経ってしまった。この間【物事を深く考えずに、淡々と生活しよう】と思っていて【ブログももうやめちゃおうかなあ～】とも考えていた、マジで。しかしこの話を記録したいから続けてみる。

特別支援学校高等部・知的障害部門・普通科に進学したASD息子、１・２学期に【進路指導／就労支援指導】なんて授業があって、３学期には校内実習と現場実習等が始まった。校内実習は、まあたとえれば【校内で会社ごっこ】てなものだが。息子は「他の子がふざけているのを見るとイライラする」と日々不満を膨らませていた。その件を息子のカウンセリングの先生に相談したら「それは従業員として働いている生徒を統括している上司役の教師側がしっかり自分の役割を果たしていないから、息子さんがイライラするのでは」だそうだ。という状況の中でまた逆に上司役は息子の一挙手一投足を細かくチェックして「寝癖がどーだ」とか「ポケットに手を突っ込まない」と注意して、更にさらに息子のイライラは増すのであった。しかし息子は耐えていた。そう「早く現場に出たい」という思いを心の支えにして。……で、現場に出ました、よく仕事をしました。「明日も頑張ろうね」と付き添いの先生にも言われました。

親は「取り敢えず今日は無事終わったか。明日は就業時間が終わる直前に母親のワタシがそこの職場に行って【反省会・感想】を（現場の職員／本人／保護者／学校の先生）とするのだな」とつらつら考えていたのだが、その夜の夕方に悲劇の幕が唐突に切って落とされた！

その日の夕方学校から電話が入り「インフルエンザの生徒が出ました。感染している可能性があるので明日の実習は禁止します」ときたもんだ。インフルエンザ？　感染の可能性？　実習先の職場に迷惑がかかるかも？　だから明日の実習は土壇場キャンセル！　電話の教師はこちらの混乱を無視して「『そういう場合もある』と事前にお手紙を出してありますし」と冷静に仰る。……電話を切った後に本人に説明したよ。……で本人がすんなり了解するわけないだろーが！　息子、荒れに荒れまくった。そりゃそうだ、「明日も頑張ろうね」と言われた２、３時間後に「ハイ、現場実習明日は中止になったよ。てなわけでよろしく」なんて、**自閉症で『想定外の出来事にすんなり適応できない』から『特別支援学校』にいるんだろうが！　その特別支援学校でこういう仕打ちをするのかよ！**「訳がわからない！」と息子は喚いて、収まらない怒りは『その連絡を受けた電話機』に向かって電話機を破壊した。後でちゃんと修理したけど。

更に息子、現場実習の記録ファイルをビリビリに破いた。家族別に予定を書き込んであったカレンダーの１月分をビリビリに破いて丸めた。「もう予定を書き込むな！」と怒鳴った。これつまり【日々の生活は予定調和通りにいかないのだという、世の中全ての事象を構造化するなんぞ不可能だという事実を母子に突きつけた】のだが、こう書けば（「インフルエンザが出たらそういう場合もあるよ」と親が本人にあらかじめ言わないのが悪いんだろうが）という正論が出るだろう。言い訳がましいがワタシは自分の子をインフルエンザにしないように注意するのに精一杯だったんだよ！　あまりの荒れようにワタシは学校に電話して「本人が混乱して荒れている。どうすればいいんだ？」と訴えたら「大変ですね〜」と丸っきり他人事、冷静なお答え。

「学校側の言う通りにしてやってんのに、なにその答え！　特別支援学校なんて言っていて（子供の実態）に添った教育しないで【大人の都合】を押し付けやがって！」とはらわたが煮えくりかえった。

「現場ではとても良かったんですよ〜」なんて言葉も気休めにならん。「もう現場実習のファイルは本人が今ビリビリにしてしまいましたよ。そんなもん無かったものになってしまったんですよ！　汚点になってしまいましたよ！」と言い返したが、その当人の怒りと混乱は鎮まらない。「もう学校に行かない！」と言い出した。そりゃそうだなあ、散々おだてられて梯子を上らされていきなりその梯子を外された状態だからなあ。

でもその怒りのトバッチリがいつも家族にくるのはたまらない。
「親なんだからそれくらい我慢しろ」という正論もあるだろうけどね。オット（父親）に急遽電話したら当然怒り始めた。
「俺が学校に電話する。そんな事情こっちがのめるか！　明日は息子本人を現場に行かせる！　大体電話１本で事を済ませようというのが気に食わない」と言い出して、またギャンギャンと学校に電話し始めた。……で、学校の先生に来てもらって（近所だから）説明してもらって、こっちの意見**「こういう子だからこそ、そちらにお世話になっているんだからそれくらい考慮してほしい」**という結論になったが、ワタシはここ数日の嫌な出来事に、更にこういう酷い出来事が追加されたことにもう精神疲労がひどくて別室で泣いていた。
「もう学校行かない！」と喚いていた息子は次の日学校には行った、早退はしたけどね。今のところ息子はインフルエンザに感染はしてない。同じクラスの教室内で続々とインフルエンザ感染は結局なかったのだ。しかしながら来週も「イライラする会社ごっこ＝校内実習」があるのでまた本人ゴネそうである。もういっそのこと「家族がインフルエンザになったので、感染しているかも知れない。学校は休ませます」とでも言ってやろうか、どうしようか？

ここで敢えて忠告しておく。【在学中の就労支援をきちんとします】なんて宣伝している特別支援学校なんて現実はこんなものさ！「生徒の障害に沿った教育」なんて「大人の事情」の前では粉々に砕かれる。特に、今は中学の通常級にいるが諸事情で『高校進学は特別支援学校に行って就労支援をしてもらおう』なんて考えている方々、こういう事象もあるのだと思って

いただきたい。それにしても、どうしてこう毎日【何があるかわからない】という連続なのだろうか？　刹那的に今日も生きている。

2011年
07月03日
日曜日

6月は色々考えることがあった

『3・11の東日本大震災』が起こった後、日本国内では一種のスローガンとして「つながろう」「絆」「一緒に頑張ろう」と人と人との結びつきを強調していたが、ワタシの周りの身内間ではそういうものは全然なかったのだった。まあぶっちゃけて言うと【ワタシの実家の親（70代の、病気がちの、認知症だの、色々面倒な人達）】のケアについて、ワタシとワタシの実兄の考え方が全然合わないというのがはっきりしたのよ。実兄は自分の親との距離を敢えて大幅に取って、同じ都内に住んでいながら年に1、2回しか外食でしか会わないという姿勢を今後も貫くらしい。そういう実兄のあまりのよそよそしさに、親も何かしら感じたのであろう。震災後の4月なんぞ「お前（ワタシ）の家族、今我々がいる家に将来住む気あるか？」と聞いてきた。「何故？」と聞いたら「屋根に太陽光発電をつけるとすれば、この家（と土地）を今後も使ってくれると合理的なんだけど」オイオイ実兄のことは無視するのかよ！　というか切り捨てる気なのか？　それはできないでしょうが！「兄に『太陽光発電』について聞いてみなさいよ。そもそも、実家の電気代がバカ高いのは、古いエアコンや電球のせいでもあるんだからそんなウン百万する太陽光発電よりそっちの方を換えた方がリーズナブルだよ。そういうのは、理系の自分の息子にやってもらいなよ」とアドバイスをし、兄には「オットの父が今年冬に入院してまだ完治していない。ワタシはそちらのフォローをしなくてはならないから実家のエアコンの交換くらい見てやってよ」と相当クドクドと言いまくったら渋々それだけはしてくれた、ただそれだけ。

これはGW中の話で、相変わらずのお人よしの娘は色々実家の整理を手伝う、風呂嫌いの老母を洗う、犬を洗う、雑草だらけの庭の草取りをする。だからくたびれる、そして家に帰ればASD息子の言動に悩んで更にさらに疲弊する。「なんかおかしい、何故ワタシだけこんなにくたびれる。（自閉症の息子を抱えながら）何故（親の生活のケアまで）ワタシ１人でしなければならないのか？」　さすがに親もワタシがくたびれると機嫌が悪くなるのを見て考えたらしい。５月から市の福祉協議会から週１回１時間半ヘルパーさんが来てくれるようになって、ワタシの負担は少し軽くなったが「それにしても実兄の老親に対する冷淡さはあんまりじゃないか？　ちょっとは親のことを助けようとか思わないのか？」と段々怒りにも似た感情になってある日電話をした。そうしたら実兄はこう言うではないか。

■兄「親が住んでいる家（つまり実家）がどんなに荒れていようが、健康上不安があろうがそれは本人達の問題だ。犬や猫のせいで家の中に毛がいっぱいあろうがそんなのそういうペットを飼った飼い主の責任だろ？　俺には関係ないね」

■ワタシ「ならばお嫁さんだけでもたまに訪ねてきたっていいじゃないの？　ちょっと心の距離間ありすぎだよ、嫁いびりでもされたのかね？」と問うてみたら、

■兄「嫁は車に乗れないんだ、だから遠いじゃんか」だと。

ワタシなんぞ義父の入院で片道２時間半以上かけて出かけたわよ。あんたら片道でそんな時間かかる所に住んでないじゃないか！　と内心毒つく。

■ワタシ「じゃあ土日に車を兄が出して嫁さんだけでも実家に連れてきなさいよ。だって彼女はもう家族の一人のはずでしょ？」

お前婿養子か？　それともマスオさんか？　……とムカムカしてきた。そうしたらこうきた。

■兄「土日は中３の娘の塾の送り迎えがあるからムリ」

ブチッと切れたねワタシャ。

■ワタシ「もう中３だろ。中３なら塾くらい１人で行かせろよ！　何過保護してんだ！　高校受験が控えているからなんて言い訳ワタシに通用しないわよ。ついこの間こっちだって高校受験だったんだから。中３なら１人で行動できるだろ！」

【定型発達の中学３年生なら１人で行動させろよ！　小学校のお受験じゃあるまいし】とまで言ってやろうかと思ったが、やめた。

ペットのことだって兄の家（庭付き戸建て）も大型犬の『刑事犬カールみたいなの』を飼っているくせに、普通なら自分が犬を飼っているなら他の犬の様子だって気になるものじゃないのか？　なのに何？　その無関心。「そんなの本当の犬飼い

じゃない！」とも言おうかと思ったがやっぱやめた。以前も同じこと愚痴っていたような記憶がある。**「やる気のない人間にやる気を出させようとするのはこちらのエネルギーの無駄だ」とかなんか書いていたような。**

だけどさあ、この３月の東日本大震災を経験したならば「家族の大切さ」とか「親のありがたみ」とか感じるもんじゃないのか？　後日実家の父から「実兄の所の大型犬、去年の秋からトレーニングセンターに入れているけどまだそこにいるんだってさ。だからもっと飼い易い犬にすればよかったのにな」という話を聞いた。内心「なんだ、本当の『犬飼い』じゃなかったんだな。しかもトレーニング代月ウン万円って、子供の塾代並みに高いでやんの」と笑えた。いや笑ってはいかんな。カール（勝手に命名してる）にしてみれば大ハズレのご主人に当たってしまったのか。なんか可哀想だね。

６月に色々と考えて見えてきたこと

オットがASD息子を伴って日曜日に日帰りでＡ区のワタシの舅・義父（別名：ジイチャン）の所に朝から出かけた。高校生の娘は来週から期末テストだから部屋で勉強をしているはずである。先週もオットはジイチャン家に泊まりに行っているのだ。まあ【２月に入院して、７月になってもまだ人工物を身体に装着中で、先週風邪をひいた】から健康状態が不安なのだろう。オットは責任感が強いのだろうというか実の息子は今日本に自分１人しかいないからね。オットの実兄は遠い遠い異国に子沢山で移住しているんだよ。**そういう責任感が強いオットにはワタシの実兄の考えが全然理解できないらしい。実兄のことを話すとオットは「？」と不可解な顔をする。**まあつまりはワタシもオットも双方の親のケアをずっとしなければならない役目を負ってしまったというわけだ。「これではひとりっ子同士の結婚と同じじゃないか？」と思う。でもひとりっ子同士の方がまだましではないのか？　他の兄弟が存在していながら親の介護を分担どころか何もしようとしない冷酷さを実感しなければならないなんて。ましてや【自閉症児を抱えて生きるのが時にはシンドイ】ということを、血のつながった兄に全然理解されないとは。だから兄達は【アッチ（ワタシとオット）は大変な立場なんだから親は自分達が面倒をみよう】とは微塵にも思わない。ワタシは過去に「こっちの子育ては大変なんだから！」と訴えたが馬の耳に念仏だったのよ。悲しいというか自分の認識が甘かったと言うべきか。

2011年
10月01日
土曜日

約３ヶ月ぶりの更新……です

更新していなかった３ヶ月はなにかしら困っていた、というかいつものことか。ASD息子のこだわりに振り回されまくって「このこだわりの酷さは『何らかの２次障害』から来ているのでは？」と悩んだ。　ところで誰か【東日本大震災が、自閉症児者に与えた影響について】なんて研究発表してくれないだろうか？　ウチラは全然被災者でもないのに、息子はひどい情緒不安定になって特に【余暇を鉄道関係】にしていたのが良くなかったのだろうか、大震災の影響で鉄道関連が色々変更しまくりに【理屈はわかるが気持ちがついていかなくなった】息子は鉄道関連のホームページを絶えず細かくチェックしまくって、文句を言いまくるわ、母親に当たりまくるわ、家電を破壊するわ、ある日ワタシが電車関連で息子の命令を頑として聞き入れないでいたら、ワタシのiPodを破壊して……（以下略）。

■「息子を思春期外来で入院させたい」と息子の主治医に深刻に相談したら、「どこもいっぱいで入院はムリ」と言われ
■「息子がこんなになったのはワタシが毒親だからだわ！　ワタシは母親失格だわ！　母子関係がゆがんでいるんだわ！」と更に憂鬱になり

ワタシのうつ病の主治医に「うつ病悪化ということでワタシ入院できますか？」と聞いたら「いいよ、いつでも入院できるよ」と言われてその気になったりしました。結局息子もワタシも入院はしなかったんですけど。息子には【（薬＝リスペリドンとアキネトン）が今の体重にしては少なすぎた】ということで増量して、苦手な学校行事の【修学旅行】も行くのを避けたので、やっと最近落ち着いてきたのでした。

以前ASD息子にリタリンを服用させていた頃に「薬に頼るなんてダメよ」と似たような立場の人から暗に批判されましたが、また【薬なんか飲まなくても全く穏やかでおとなしい自閉症児者】もよく見かけますが、こっちだって「副作用で太りや

すくなる」薬なんか好きこのんで飲ませているんじゃないわい！　と書いておこう。

ASD息子が震災関係のニュースを嫌っていた
頃にした行動⇒新聞番組欄に×をつけていた

家事手伝いで週１回通っていた実家に「ワタシ入院しようかしら」なんて相談したら「入院するよりこっちに来ればいいじゃないか」って、オイそりゃ「実家の親の世話をしろ」って暗に仄めかしているんだろ？　「ワタシを休ませろよ！」とコメカミに（#゜Д゜）マークが出ました。特に今回は母の「なんなの？　このあとからあとから湧いて出てくるお洋服は？」のお片付けはとてもくたびれました。

わけいってもわけいっても服の山

日常の家事なら、例えば母をお風呂に入れて身体を洗うとか、飼い犬のトリミングもどきや台所の片付けだけならこんなに疲れまい。しかしこれらの雑務に加えて、【今まで溜めにためこんだお洋服の整理】が「もうなんでまた出てくるー？」と半端ない量で【ブティックでも開けるくらいの量】というか、よく見ると虫喰っているボロ服に成り下がっているのもあるし、父は「オレってそんなに金稼いでいたのかな？」ってつぶやくほど押入れから出てくるはでてくるは。母の溜め込んだ服の山をじっと見て「何かフツウじゃない」と娘のワタシは考える。

■「いつもご用達のブティックの店員の口車に乗せられて服を買いまくってこんなになったのか？」とか

■「何かしら（心の空洞）があって、それを埋めたいがために洋服を買いまくっていたのか？」とか

■「それほどの虚無感を一人で抱え持っていたのかい？　一体何が不満だったんだ？」とか

残念なことにワタシと母の服の趣味は全然合わないので、お下がりを着る気が全然ありませんでした。というか黒地に真っ赤なバラのシャツなんか恥ずかしくてワタシャ着こなせませんな。実家に行ってそんなことを繰り返しているとどうも腹が立ってくるというか、と言ってもワタシの気持ちとはウラハラに、実家の親のこちらへの依存度が更に高まった夏休み……でした。老父のパソコンをワタシが余計なことをして動かなくしたらオットが修理したり、「婿殿は実の息子より使いやすい」になったり。と、今こう悪口のキーを叩いていたら父より電話があった。「あの片付けた洋服（段ボール大箱6、7個くらい）をリサイクルショップに出したら（その時は流石に実兄が車を出したらしい）全部で千円だった」あれほどの大量でたっ

たの千円！　なんでじゃ〜！　ブランド物じゃなかったせいか？　でももう少しいけたのではないのか？

秋風や服の山は枯れ果てて

2011年
11月13日
日曜日

自閉症児を抱えながら、身内の終末期の看取りはできるのだろうか？

タイトル名を打つのに数日躊躇した。そもそも全然明るい話題ではないし。しかし本当に今切実に見出しどおりの悩みを抱えてしまったのだよ。今年２月にジイチャン（オットの父・舅）が前立腺関連で入院して、その時期が娘の高校受験と重なって気持ちが大変だったのだが、その時から【前立腺以外にも血液で問題がある】と判明し後日別の大学病院で詳しく調べたところ「血液関係の病気でもう高齢（84歳）ゆえキツイ治療も不可、輸血療法のみでフォローしていくのを覚悟していてください」と現在の主治医から説明を聞いたのが今週の水曜日だった。今から思えば前立腺関連で入院時に院内感染で高熱を出したのも、元々自分の血液に異状があったので免疫力が落ちていて些細な菌（もしくはウイルス）に感染したのかもしれなかったのだ。本人は「あの前立腺で入院した病院はヤブだ」と文句をしきりに言っていたが。「タイムリミットは本人には『１年くらい』とは言ってます。息子（オット）さんには以前【半年、長くて１年】とは言いましたが」と主治医が言う。「本人はとてもしっかりして知性もありますし認知能力もありますからきちんと告知した方がいいでしょう。自分で自分のことを決めさせるべきです」とも言う。更に「あれくらい自立している生活をしていると『介護保険の認定』は下りないでしょう」とも言われた。「家族はどうすればいいのでしょうか？　このまま１人暮らしだといつ何時何があるかと心配で……」と聞いたら「最期の日々を家族で過ごされるのがいいのでは」と主治医に返された時、反射的にワタシの口からとある現実を告白してしまった。「実は我が家には自閉症の子がいてつい最近もパニックを起こしたりしているので、今一緒に暮らしても義父に心穏やかな日々を与えるのは無理です」と。つい言ってしまったよ。そりゃあ２日くらいなら同じ家にいても差し障りはなかろうよ。だがまあ３日が限界だろ？　あのくどい息子のペースに合わせるのは親でさえも疲れるというのに。残り少ない日々を過ごす人に、別次元で生きる息子の存在は重いと思う。

一緒にその話を聞いていたオーストラリアから一時帰国していた義兄（オットの兄）が「私は有給休暇がたっぷりありますからどうにかして……」と言ってはいたが。数日たって色々考えるに「なるようにしかならない」という諦念しか出ないな。「どこも大変だな」と帰りの車中で、義兄が言う。どうやら兄嫁さんの父母も具合が悪いらしい。ワタシは内心「イヤ、自分の子供が定型発達ならそういう大変さはそれほどしんどくないよ。子供が障害児だと、身内の病気一つで（障害児の世話について）周りにどれほど頭を下げまくって助力を請うというか、あらゆるサービスを受けられる準備を万全にしなくてはならないし」と考える。

義母（姑）が亡くなる前の数ヶ月間、ジイチャンの「妻の最期は俺が家で看取る」という考えは大変立派だったのでしょうが、ワタシは内心は忸怩たる思いがあった。それの協力のために小１の息子を預けた先は普通の学童保育だったのだが、当時の学童保育は定型発達の子専用だったので『障害児はここの学童保育には困る存在なんですよねえ～」という意識がよ～く伝わってきたものだったよ、嗚呼トラウマが。しかし義母は最期には精神錯乱状態になり病院に搬送されてそのまま亡くなった。義母が亡くなった日の夜に息子が高熱から肺炎になってお葬式の間ほとんど人前に出ないで済むことになったのは、義母のあの世からの『ささやかな思いやり』だったのだろうか？　これはワタシの勝手な妄想だが。

あの時から約10年も経てば『障害児の放課後デイケア・ショートステイ』も今は万全となった我が家。『障害児の放課後デイケア』はあちこちに存在している。

2011年
12月31日
土曜日

ジイチャン、今のところ元気ではあるのだが

前のブログで【ジイチャン、高齢者がよくなる血液の病気であまり長くない】と書いたのだが、月約２回の輸血療法のおかげかやたら元気なのだ。全然重病人に見えない！　それゆえに本人も「自分は余命わずか」という意識がなさそう。『遺言書』とか『エンディングノート』なんか１行も書いてなさそう。

病気のことを聞いた当初は「え〜！」と色々心配したのだが、何かあれこれ考えすぎるのが少々アホらしくなっている今日この頃なのだった。それどころか【老い先短いジイチャンの話を色々聞いてあげよう】なんて殊勝な気持ちになっていたのが、逆に「なんでその昔の話を嫁のワタシにするのかね？」と段々苛々してしまい、とうとう『舅の言動についての不平不満』を息子であるオットにぶちまけてしまったのだった。

というわけで、今年の大晦日は【おせちは用意したが、嫁のワタシはオットの実家に行かない！】という決断をしたのだった。まあ内心「おせちを数品手作りしただけでもありがたいと思ってもらいたい」のだが。そして明日の正月は自分の実家に行って『親に頼まれたお雑煮』を作る予定である。

まあ、半分は生協で購入したんですけどね。大体先月一時帰国していたオットの兄に「え〜！　おせちをちゃんと毎年作っているんだ！　自分の所は全然作らないよ」なんて言われて、ちょっとピキッときてしまったのがいけない。

大晦日にオットの実家に行かないのは他の理由もあるのだが、それはASD息子の【紅白へのこだわり】がもうすごく強迫的になっているのだ。息子の【紅白歌合戦への不満➡震災関連、原発関連、なでしこ関連の話題が出るのがもうとてつもなく嫌な状態】で、「でも観たい」というジレンマ状態をすぐそばで見たくないのだった。どっか無理やり息子を旅行に連れて行って紅白を観られない状態にすればと策を練ったが、

■オットは「これが父（ジイチャン）との最後の正月か。旅行なんかとんでもない」と考えるし

■オットの兄は年末年始帰ってきそうにないし、そもそもジイチャン曰く『アレは外国人だ』だし

震災以降、ずーっとASD息子の『震災関連の諸々のニュースへの不満』をぶつけ続けられてきた母のワタシは「もうダメ限界！　自閉息子のこだわりからこの日だけは逃げる！」と、またオットに直談判したのだった。ASDにPTSDがくっついたっぽい。「被災者ですらないのに！」と思うが震災以降、被災していないのに自殺する人が普通の人でもいっぱいいたからなあ。　日本全国でみんな過敏になっているのだろうか？

2012年
01月17日
火曜日

ASD息子を転校させようとしたワタシ（母）

先週いっぱいプチ不登校をしていたASD息子が、今週から

やっと学校に通いだした。実は先月の終業式で、とあることで息子がブチ切れて事情を知った母親（ワタシ）も同様にブチ切れて、

■息子「もう３学期から学校行かない！　不登校する！　引きこもりになる！　ニートになる！」と主張するので

■母（ワタシ）「引きこもると今より更に太る！　ならば別の学校へ通おうではないか！」なんて暴走してしまい

先週は通信制高校／チャレンジスクール／（不登校の子が通う）サポート高校等々をさすらっていた。どの高校も共通していることは【今、特別支援高等部では高校２年生だけれど、この学校に来るなら１年生からやり直しですよ】という事実であった。【特別支援学校高等部だと高校の単位になりません、単位ゼロです】らしい。ワタシ的には「大学に進学するのに２浪する人もいるんだから別に１年生からやり直したっていいじゃないか」と思ったのだが、オット的には「それは違う！」と、グサッと釘を刺されてしまった。

あちこちさすらっていたせいでワタシはノド風邪を引いてしまいここ２日ばかり寝込んでしまった。「お前（息子）が年の差を気にしないのなら別の学校へ転入してもいいのよ。母（ワタシ）はヘルパー関係の仕事でとある所から採用されて４月から働くから銭には困らなくなるから」と積極的に言ってみたのだが、息子的には【あっちこっちの学校へ電車に乗って出かけただけで満足したのか】【母親の暴走を間近で見て少し冷静になってしまったのか】無回答だった。

母たるワタシもその日の学校の対応にブチ切れたが、その後息子が更に家でパニックを起こしてせっかく作った夕飯を流し

台にぶちまけられたので、積もり積もっていたものが決壊したのだよね。おかげでその日以来焼きソバが作れなくなった。ぶちまけられるという恐怖心が湧くからだ。

以前iPodも何かのカンシャクの際に壊されたので、オットが新年に新品のiPod touchを買ってきても「また息子に壊されるかもしれない」と恐怖心から未だ開けられない。

で、何故息子が終業式にブチ切れたかというと、終業式中に自分の履いていた靴を直そうとちょっと頭を動かしたら「そこ！　女子の側に寄ろうとするな！」みたいなことを注意されたというのだ。馬鹿ばかしい。なら男女分離させて距離を取って並ばせとけよ！　と親のワタシも頭に来てしまったのだった。

2012年
03月10日
土曜日

ASD息子の東日本大震災のトラウマとＥＭＤＲ

以前からブログに【ASD息子、都心某所でカウンセリングを受けている】と記していましたが、カウンセリングを受けるようになった理由は以下の通りなのです。

1．東日本大震災についての恐怖心が残っている
2．特別支援学校高等部の先生達が「自分に対して厳しい」と感じている
3．将来への不安

等々でしょうかねえ。１なんて「実際被災していないくせに！　それくらい我慢しろ！」と突っ込みたくなりますがねえ。

テレビのニュースで「被災地では……」なんてアナウンサーがしゃべる度に怒り始めて物にあたるわ、母親のワタシにあたるわ、クレームをテレビ局に伝えるわ、ワタシ自身もうノイローゼ状態になりました。「これはもう【EMDR】（心理療法の一種）を使わなければ！」と東京でそういうのを扱っている所を探しまくって、【EMDR療法】を受けている最中です。少しは効果があったのか自分でお利巧になったのか、最近はテレビは見ませんな。「被災地では……」なんてアナウンサーがしゃべった途端、テレビのスイッチを消すようになりました。**EMDRの情報は杉山登志郎著『発達障害のいま』（講談社）**から知りました。

それでも主に首都圏の鉄道のホームページで『3・11の追悼の意味を込めて電車を一時停車する』なんてニュースを見ると、親（主に母親のワタシ）に「クレームの電話を入れろ！」と命令するのです。または【○ャニーズがチャリティコンサートを3・11にやる】というニュースで「なんでそんなことするんだ！」と怒り出しそうになったので「あのね、そういうのはチャリティだけが目的じゃないの！　○ャニーズ好きが集まるためのイベントなの！　生SMAPや生嵐や生V6とか見たい人が集まるだけなの！」と必死に説得しました。

……**かように、我が家のASD息子は面倒くさい。敢えてもう一度書こう、我が家の自閉症息子超面倒くさい！**　カウンセリングの代金も結構かかりますがなあ、これは医療費控除の対象にならないので家計をジワジワ圧迫しております。親もついASD息子のカンシャクと付き合っているせいでストレスが溜まり、買い物をしすぎてカードを使いまくり今月はピンチになってます。明日の３月11日はオットとASD息子はなるべくテレビから遠ざかるとういう考えで『東京ゲートブリッジ』を見に行く予定です。

明日からジイチャンの本格的終末期介護の始まり

Ａ区のオットの父（ジイチャン）の容態が３月に入ってから悪化し始めたので、日中ずっと１人で家にいさせるわけにもいかないので明日からワタシがなるべく一緒にいるようにしたのだった。本人は若造の医者に余命を宣告されたのが気に入らないらしく生に執着している、頑張る、なるべく自立しようとしている。家でギリギリまで暮らそうとしている。万が一容態が急変して自宅で孤独死なんて事態になったら、親戚中から「この鬼嫁！　人でなし！」とかワタシが罵倒されてしまう。親戚（というか一般の人）にASD息子と一緒に生きていくのがどれくらいハードなのか誰もわからないから、非難されるのは嫁のワタシだろう。

「オヤジ、頑固だから」とオットが言うが、全くその通りである。「介護保険を使っては？」と言えば、「あんなもの」と言い、ジイチャン自身が「朝布団から出る時、足の調子がおかしい」と言うので、「ベッドにしたら？」と言ったら、聞こえないふりをする。で、舅を泊まり込みで介護するために色々考えて、ASD息子には毎週１泊２日の割合でショートステイをしてもらうことにした。まあASD息子がそれほど嫌がらなかったからよかったが、つい「息子が定型発達の高校生だったらこんなことまでしなくて済むのに」と考えてしまう。市役所の担当の方に事情を説明して、ショートステイ先と面接して申請書類を提出した。ASD息子を抱えているとコマゴマと大変なんだよ！これだけでもストレスなのに特別支援学校側からとうとう「卒業後の就労先は親子で探してください、学校側はあなたのお子さんに合う職場は見つけられません」と宣告された。つい連絡帳に【終末期を迎える身内のケアと、息子の就労活動とどっちが重要ですか？】と問うたら「どっちも大事です」と返事をもらってしまった。

こっちはそれどころじゃないんだよ！　と反論したいがそれもできず、では息子の就労先を探すのは親がどうにかしないと、とめぼしい職場の見学をしようとあせっていたらその空気を敏感に察したASD息子がパニックを起こしやがる。連絡手段でFAXを使おうとしたら上手くいかなくて、それを見てまた息子が怒り狂う。「誰のためにこんな苦労してんだよ！」と泣きましたなホント。

【泣きっ面に蜂】状態はまだ続く。　おととい４月からワタシが働き始める所から連絡が入ったので家の事情を説明したら『内定取り消し』になってしまった。そりゃあ自分でも薄々感じていたよ「ジイチャンの容態がどうなるかわからないのに４月から自分が外で働くことは無理なのかもしれない」って。だけどやっぱりそれなりの努力をしてホームヘルパー２級を取ってこれから……というところでこんな展開になってしまった。今日履歴書が返ってきて「とどめを刺されたな」と感じる。

「もしオットの兄一家が海外に移住していなければ、あっちは子供全員定型発達なのに」とも考える。「世の中不条理よ」と娘に愚痴ると「ハイハイ」と適当に返事をされる。

義兄が一時帰国した時「○○ちゃん（ASD息子）、オーストラリアの学校で見る自閉症児と全然違って色々話すじゃない」と上から目線で「大したことないじゃん」と言われたが、9月に都心の某所での小さな勉強会で【オーストラリアで発達障害児療育の研修を受けた方】の話を聞いた時に「オーストラリアではIQ55までは普通級に所属します」に、他の方共々「そんな馬鹿な！」と反応してしまったことを思い出した。オーストラリアって普通級での許容範囲が広いんだネエ〜。義兄はどういう子を見て息子を判断したんだかなあ？　もしウチらがオーストラリアにいたなら息子は普通級でOKなんだよな。

ちなみにその場にいらした著名小児精神科医はこう仰った。

「自閉症は、複雑な障害なんですよ」

自閉症は複雑な障害と君が言ったから
今日はペコちゃん焼き記念日

いや勉強会に行く前に、ひと駅歩いて神楽坂の不二家で『ペコちゃん焼き』買ったからさ。

※2012.04 〜 2012.11までブログ更新なし

2012年
12月02日
日曜日

12月に入って超久しぶりに ブログを更新しました

もうすぐ今年が終わるというところでブログを復活することにしました。かなり長めのブランクがありました。本当はパソコンからまるっきり離れていたわけではなかったのですが何か自分の目の前の事象に振り回されて、まるでドラム式洗濯機に突っ込まれた衣類のようなグチャグチャにかき回される気分で過ごすことが多々ありまして。しかし**「どうしても今の自分の置かれている現状を誰かに伝えたい！」という気持ちが日毎に増してきました**。きっかけは【石原慎太郎が都知事を辞めて、それからあれからどうなって……】のニュースを聞いて「全部中途半端に投げ出しやがって！　それをなんでもかんでも他者の責任に擦り替えやがって！（#゜Д゜）」と頭に血が上ったのが始まりですかね。

ブランクの間の主な出来事はと言いますと、**オットの父（舅）は6月20日オットの会社の夏のボーナス日に亡くなりました。ですからこれから夏のボーナスが出る度に「ああ、ジイチャンの命日だ」となるわけです、ナンだかねえ。**

オーストラリアに移住した義兄一家は義兄のみが、去年の秋の「精密検査を受けて告知された頃」と「3月の頃」と「葬式の時」に帰ってきました。つまりジイチャンの入院中の世話はウチラ（オットとワタシ）だけで乗り越えざるをえなかったわけで。義母の最期の時もなす術も無くただ見守っているしかなくて辛かったのですが、この時も同じくらい辛かった。３月に「もうこれは……」となったのですが、その後一時的に良くはなりました。しかし良好だったのはほんのひと月ちょっと程度で、その後はほぼ毎日見舞いに行ってドアを開けるのが苦しい日々が続きました。【骨髄異形症候群】から【慢性白血病】に移行してしまった身体は、毎日発熱のアップダウンの繰り返しで輸血をドンドンしても段々効果がなくなり、管を何回も通される腕は最後にはパンパンに腫れて真っ赤になりアザになり……。その良好状態だったひと月の間はワタシの妄想だと『神様が与えてくれた父と息子の最後の心の会話時間』のはずだったのですが、ジイチャン、肝心なことは息子であるオットにはほとんど言わずワタシにばかり話しておりました。何度「この話を聞くのはワタシじゃない！」と思ったでしょう。特にオットの幼少時に亡くなった実の母の思い出は父と息子で分け合うべきだったはずです。「ワタシじゃないよ！」と何度言いたかったか。　本人は身体が弱っても大好きなコーヒーを欲しがり、フカフカのタオルを要求し、寝間着も結構好みがうるさかったので、なるべくそのリクエストに応えようと努力しました。しかし本当に望むもの＝健康な身体は無理で、明晰だった意識も段々混濁してきて「いくら輸血を繰り返しても効果ないじゃないか！」とワタシは嘆き、オットに「ホスピスに入れようよ、そうすれば毎日美味しいコーヒーをあげられるし本人だって苛立たないだろう」と勧めましたが、「ホスピスは１日３万円もかかる、そんなお金ない」と却下されて、最期の死に目には２人共間に合いませんでした。つい最近ジイチャンの遺産の詳細が出てきたのですが、思わず「これくらいあったならホスピスに入れたじゃないか！」と怒りが湧きましたが、更に考えるに「これだけあったのなら義母の時も穏やかに看取れたはずだったよなあ」とシミジミ感じました。

2012年
12月13日
木曜日

ジイチャンは、
ワタシの右膝の軟骨を持って冥土に旅立った

歌舞伎役者の中村勘三郎さんが【文京区の日医大付属病院】に転院した後亡くなったというニュースで、その病院名を聞いてドキッとしました。だってジイチャンが一時期通っていた病院でしたから。その時はまだ本人強気で「若造（若いお医者さんのこと）が何言ってやがるんだ」と自分の余命が長くないと言われたことに反発していましたな。しかし反発していてもやはり医者の言う通りになってしまい、いざ入院しようとしたら『満床』てなことで両国の病院になってしまったのね。３月の危機を乗り越えたからってその後は奇跡の回復をするだろうとはならなくて……。テレビは勘三郎の話題ばかりで、アーカイブやら２人の息子の話やら密葬（あれのどこが密葬だっちゅーの？）の様子をワタシは複雑な気分で眺めていました。出棺の際の喪主（長男と次男２人）からの挨拶は【本人達は京都の舞台で関係者が代理で話しましたが】心に沁みましたねえ。家族だけの密葬のはずがもう関係者ワラワラ状態の中で膨大な紙吹雪の中の死出の旅。ありゃまるで一幕の舞台でしたね。

ジイチャンの時なんか『リアル密葬』で『菩提寺ムシ』の

『戒名ナシ』の当然『お坊様のお経もナシ』のまあシンプルなことよ。それはそれでアリなんですけど。「本人がそう望んだから」と喪主の義兄は言っておりましたが遺影の写真代もケチっていたような、ホントのところは知らん。まあそれよりも喪主の義兄（長男だから）からの挨拶がさあ、あんな挨拶はちょっとねえ〜。
「いいかげんな長男（義兄・自分）と、真面目な次男（弟のオット）」のフレーズが何回か出て「○○さん、ありがとう」って次男の嫁・つまりワタシに感謝の言葉を言っていましたが、そんな薄っぺらな言葉でワタシが納得するわけなかろうよ。

３月の危篤状態から一時回復した後の４月から６月の最期までの様子を何も知らない人間から感謝されても心に響かない。**あの春は『生きながらの地獄』だったから**。ジイチャンの容体様子の変化にビクビクしながら何回も心が折れまくった。でも家では自分の子供達をなるべく刺激しないようにとポーカーフェイスをして、ワタシの実家では父の母介護がギリギリの状態まで来て、ある時なんぞ両国の病院にワタシが詰めているのに父より「ともかくウチに来てくれよ」とヘルプの電話が入った時は、「勘弁してくれよ！」と嘆きましたな。ワタシの実兄（長男）も「いいかげんな長男」路線で「ちょっとはこっちの立場考えてよ！」とメールで怒っても無視していたし。

６月に入ってとうとうワタシの身体に変調が出てしまいました。右膝が腫れ上がって痛くて歩けなくなって。「こ、これはロコモティブシンドローム（運動器症候群）だ！」と勘付いた時にはもう遅い。ワタシの右膝の軟骨は磨り減って『これはもう再生しない』と整形外科で宣告されてしまいました。膝から水抜きをしたら黄色の水が出て、その後ヒアルロン酸を膝に注射してもらいましたがその注射自体が痛いわ、時間が経つと何をしてもズキズキするわ「とうとうここまできてしまったのか」と呆然としてしまいました。　痛みに耐えて、それでも「両国に行かなきゃ」とお昼を駅チカのドトールで食べようとしていたらアイスコーヒーをド派手にこぼしてしまい、その時はホントに心がバッキリ折れました。しかしながら、オットはワタシの膝の痛みと「心の擦り切れ」に何にも労わりの言葉をかけなかった。「体重落とせよ」だと。その時一言「ごめんね、負担かけて」とでも言ってくれたらまだ私の魂は救われたのに！　と大げさに書く。

老いた親の面倒をみる責任はその親の子供それぞれに平等にあるべきだと思うのに、なにゆえこうも「不条理／不平等／偏重」なのか？　ましてやワタシは自閉症児を抱える保護者で、それだけでも「親の面倒をみる役目は免除」されるはずなのでは？　と思っていたワタシは「まだまだ甘ちゃんだった」という現実に押しつぶされました。

それと同時に一つ強く自覚したことがありまして。老親の看取り＞＞＞老親の介護＞＞＞ASD息子の就職活動は「ワタシのキャパオーバー、限界、無理だ」とオットに宣告したのでした。

2012年
12月15日
土曜日

親の介護と自閉息子の就活の両立は無理だ！

ASD息子の通う都立特別支援学校高等部・知的障害部門・普通科は、１年生から『現場実習をして働くためのスキルを身に付ける』とかが入るので、親はなんだかんだとあっちに挨拶、こっちに挨拶と忙しい。更には実習後の保護者面談では【子供の現場実習の様子を学校の担任から聞いて、泣いてしまう親】も出てしまうものだ。ただでさえ【障害のある我が子との面倒くさいやり取り】に日々疲弊しているというのに。

先週辺りか「息子より学年が下の子の親」が「保護者面談で何言われるんだろう～？」と不安がっていたから「あまり酷いこと言われたら、『学年上の子が実習先で帰り際にパニックを起こしたそうですけど、それより酷いんですか？』と言ってみたら？」とアドバイスしておいた。それ誰？　って、ウチの子だよ！　しかしながら、老親の切羽詰まった訴え（難病・余命短し・認知症・歩行困難・老老介護の危機）を目の当たりにしてしまうと、「無理だ！」と叫びたくなる。**無理なの！　老親と自閉息子のことを同時に考えるのって！　どっちも扱いが面倒くさいんだよ**！　……というわけで、学校の担任からの『就労先探しなさい』のプレッシャーをすり抜けるために「ウチの息子は職業訓練に出しますので」という進路にした。しかしそういう【取り敢えず就労は後回し、職業訓練に行く】進路にしていても昨日もこんなことがあった。

先月学校の案内に「とある職業訓練校の体験のお知らせ」が来たので「抽選だから多分当たんないだろうけど一応出しておくか」と軽い気持ちで往復はがきを出したら、当たってしまった。「当たったから取り敢えず行ってみようか」と朝ASD息子と一緒に小田急線に乗っていたら……実家の父親から突然電話が来た。

■父「お前家に電話してもいないし今出先なの？」と苛立つ声

■娘「息子の職業訓練校の体験デーに行く途中なの（今日母親はデイケアに行く日なのでは？　と訝る）」

■父「母親（認知症）がまた朝からなんだかんだと言いやがって……。もう腹が立って（#゜Д゜）」と更に苛立つ。「何時に終わるんだよ？　それ。こっちに来れないのか？」

■娘「えー。昨日電話で話した時は、『まだ自分の気持ちに余裕がある』って言っていたじゃない」

■父「今日はないんだよ！　もう腹が立って腹が立って」

嗚呼まただ！　とワタシは小田急線の電車の中で誰にも聞こえぬ叫びをする。

◎「なんで、息子のこういう行事の時に限って実家から電話が来るんだよ！」

◎「以前現場実習の事前挨拶時に、やはり急に実家から電話が入ってマナーモードにしていなかったから自閉息子は怒り出すし……」

◎「あとそれから、保護者面談時にも電話が入るし……」

……とよみがえるあれこれ。「うぎゃあああああー！」と頭に血が上ってしまった。認知症は実に侮りがたし。ヘルパーさんに規定時間以上に入ってもらっているのに（自腹で介護費用を払っている）娘のワタシが毎週行っているにもかかわらず、老老介護は腹が立つことが多々ある。一歩間違えると悲惨だし。昨日か一昨日の新聞に【介護に疲れて４男が老母絞殺／他の兄弟は何をしていた？　／４男１人に任せっぱなしだったのか？／兄弟は他人の始まりなのか？】という記事があった。これからこういうケースはますます増加するだろう。

2012年
12月31日
月曜日

いいかげんな長男、真面目な次男の１年

去年はASD息子の【３・11のトラウマによるパニック・怒り】にものすごく振り回され、今年はオットとワタシの双方の親の介護などに神経を磨り減らして疲弊してやり場のない怒りを持って日々過ごしていた。年々「何故ここまで私達が老親の世話をしなければならないのだ？」と感じながら、ASD息子と一緒に暮らすストレスはどれほどなものか、おわかりになるだろうか？　**つまりは義父の葬式の時の喪主の挨拶「いいかげんな長男の自分、真面目な次男（オット）」は、オットの家だけではなく自分の実家でもそのまんま同じ状況だったというわけだ。**義父の病院がある墨田区両国に次男の嫁であるワタシが見舞いに行っているのにもかかわらず、実家の父から「母の調子が悪いからこっち（東京都多摩地区郊外Ｈ市）にすぐ来てくれ」と言われた時は「え～勘弁してくれよ～！　もう１人子供

いるだろうが！」とこめかみに（#゜Д゜）マークが出てしまった。「もう１人子供いるだろ？」と父に聞けば「『急に言われても困る』と断られた」とのことでさすがに黙っていられなくなったワタシは、実兄にメールで「アタシ都心にいるんだよ？なんで両国から東京郊外のＨ市まで行かなきゃならないの？あなたの家の方が近いでしょうが！」と訴えたけど、「行かれないものは仕方ない」とケロッとしていた。

　家族として一緒に生活してきた兄弟姉妹でも、大人になって独立後は【老いた親の訴えにすぐ対応する奴】と【老いた親の訴えに全然反応しない奴】とに分かれるらしい。老いた親は当然【すぐ対応する奴】に依存する……よな。そして親の依存度が増し、対応すればするほど疲弊する子供と逆に疲弊する子供の奉仕を知らん顔して日々を過ごす別の子供（当然自分達はラクしている）という図式ができる。

「これは不条理過ぎる」とワタシは思った。ので、今年何回も実兄にメールを出し「なんで何もしないの？　そろそろ動いてよ！」と文句を言っても反応しない。ASD息子がパニックを起こした時には**「障害のある子供がいると毎日色々あって大変なんだよ！　どれくらい大変かあなたわからないの?!」とキレテ電話をしたら「わからない」と返された時もあった。わかれよ（#゜Д゜）！**

　流石にオットも【ワタシの実兄の、実家の親への薄情ぶり】に「理解できない」と言ってきた。……際限なく続く親の家事援助と介護の日々。ちなみに実兄は「俺が実家に行っても何していいかわからない」とほざいている。オットは「庭の草むしりとかリビングの電気をLEDに換えるとかできるだろ？」と不思議がる。ワタシは「何していいかわからない」はないだろ！　と毒づく。それにしても、母の認知症は……なのである。

「私をドライブに連れて行って」と母は言い、父は怒るのリフレイン

認知症の症状でこういうのがあるとは思いもしなかった。しかしよーく記憶をたどってみればワタシの子供が小学生の頃だった10年前辺り（？）から実家の母は「あそこに行きたい」「ここに行きたい」とよく言っていた。「梅が見たいから百草園に行きたい」と周りの人間を無理やり誘ってあの急勾配の梅園へ。または「戦争中疎開していた熱海に行きたい」と老父と何回旅行したことか。その要望がどんどん多岐に亘り、強いこだわりとなって、朝日がピカーッと輝けば「○○に行きたい」と何回も言い張り、父がうんざりした顔をしてしまいには怒鳴る……の繰り返しがここ数年酷い。その「○○」がなあ、自身が子供の頃住んでいた恵比寿（約60～70年前）とか、ワタシが子供の頃住んでいた埼玉県狭山市とか所沢市（約30年前）とか、はっきり言って「昔の面影なんぞどこにある？」てな場所を指定して住んでいた場所探しなんぞ？？？　である。ついこの間母とワタシは個人タクシーを利用して狭山市に行ったが「昔住んでいた家？　どこにあるのかわっかんなーい！」だった。「ここが昔遊んでいた公園か？」と探し回り、でも当時は雑木林と空き地ばっかりだったのに今はぎっしり家が建っ

ている。「わからないよー！」と寒空の下を歩き回るワタシの心の叫びは母には聞こえず温かい車内でボウッとしてやがる。本人は親しくしてくれている個人タクシーさんの車内で『家族とドライブルンルンルン♪』て気分なんだろうか？　付き合わされる側としては「いい加減にしてくれー」ものである。昨日なんぞ雨天にもかかわらず「ジョナサン行きたい」と言いまくり、老父がウンザリした顔をしていた。今年何回行っただろう、もう飽きた。父は母の言動に振り回され疲れ果てる。２人だけで暮らし続けるのに限界を感じて【ペット可の介護サービス付きシルバー世帯用住宅】も検討したが、「ペット可でも犬２頭と猫１匹は多いし、入居時に払うお金が高額すぎる」という結論を出してやめにした。

父は「ずっとこの女の無茶なお願いを聞き続けるのか？」と考え苦悩し「もう介護やだ」とまで言い出した。

母はほぼ絶縁状態だった自分の兄と弟に「会いたい」と最近言い出した。あれほどひどい祖父母の遺産争いなどの修羅場を周りに見せつけて記憶に刻み付けたのに、スッカラカンと忘れている。【母の母（ワタシからすれば母方の祖母）とのひどい諍い】も、ワタシが確認しても「へえ～そうだったの？」と他人事にしている。ワタシは呆然とした。

2014年
01月03日
金曜日

ただ今、喪中につき
新年の挨拶はご遠慮中……です

前の記事からほとんどこのブログは閉鎖状態でした。「誰かに私の話を聞いてほしい！」という思いはあっても、【でも話せるというかタイピングできる状況じゃない！】だったのです。うちのASD息子が「去年はヘビー（蛇のだじゃれ）な年でしたが……」なんてフレーズをよく聴いているラジオ番組にメール投稿して「やった、読まれた!!」と喜んでいた元日。いや、真面目にヘビーすぎる出来事が毎月我が身に降りかかって、この１年で10年は経ったかのような感覚です。激動だったなあ……。というか親戚や身内に色々不幸がありすぎた……。一昨年はジイチャン（オットの父）を凄まじい闘病の果てに亡くしたのに、まだその傷が癒えていないのに去年も身内を亡くしてしまうとはな。

ワタシが時々ネタにしていたワタシの実母（糖尿病からアルツハイマー型認知症になり、歩行も困難）は、７月４日に亡くなりました、78歳でした。その日はあらかじめ病院に行く日だったのですが、朝急に不調を起こしあっという間に心筋梗塞を起こして治療の甲斐なく死に至りました。そして８月に母の兄（後天性障害で施設に入っていた）がやはり心筋梗塞で、８月末にオットの親戚がやはり心筋梗塞で亡くなって。本当は一昨年辺りから嫌な予感はあったんですけどね、一昨年猛暑だったでしょ？　その時「この暑さにあの母は来年ももつだろうか？」と微かに不安にはなっていたんですけどね。そして更に【人１人亡くなる】という裏にどれほどの事情が重く圧し掛かっていたことか。それに加えて

■ASD息子の職業訓練をする場所を親が探す

■娘の大学受験の準備

■自分の新しいパート仕事先のとんでもなさとその結末

に揉まれまくって……。オットは「３年間だけ出向」と９月から別会社に異動して、毎日通勤ラッシュと慣れない仕事？（本人はその辺黙っている）に苦労して、冬のボーナスは本社から出ましたが「なんじゃこりゃ～！」てなほどの酷い状況でした。

去年の年末、つまりはつい１週間前なんですが録画していたNHKスペシャル『認知症800万人時代　母と息子　3000日の介護記録』を見た時、その担当ディレクター（自分の実母の介護を記録していた方）が約20年前か『NHKスペシャル　電子立国』で半導体の明るい未来を映してくれていた方と同一人物だと判明した時、「あーたそれどころじゃないって！　半導体業界冷えまくりです！　オットの本社ボーナスがスカスカです！　半導体関連会社でコツコツ真面目に勤務していたのにお先真っ暗です！」と、１人で突っ込みをしてました。我が家だけで、

■どうして半導体関係企業は今経営不振になっているのか？

■何故、親は嫁より娘に介護を頼るのか？

■自閉スペクトラム症児の高校卒業後の就労課題とは？

■特別支援教育は今？

とNHKネタだよな。娘は今月中旬のセンター試験の勉強で

塾へ、息子とオットは父子でまたこれで何度目だ？　の『銚子電鉄乗り』に、そしてワタシはやっとこさこのブログを更新しているのでした。
『半導体は未来を切り開く』という希望に満ち溢れた時もあったのに。今は『認知症800万人時代』が来るとは。

2013年1月の出来事～老老介護の果てに～

一昨年（2012年）にオットの父が逝去して喪中ではありましたが、次年の平成25年（2013年）の正月はまだおせち料理を少しだけ作ったのでした。さすがに今年度の平成26年は作る気力が湧きませんでしたが。亡き姑が残したレシピで『炒り鶏』を作りました。これは大人数用の盛りそば鉢皿だから、かなりの分量ではありますな。
今改めて確認すると、五色なますと黒豆も作っていたのだな。

そして、今まで【お正月はオットの実家で】が我が家の決まり事だったのですが、平成25年のお正月は、ワタシと娘のみで【ワタシの実親の方】へ行ったのですよ。

ここで敢えて書くが、ワタシの実兄家族は結婚後一度も『お正月は夫の実家へ』なんてことは全然していなかったそうだ。数日遅れて適当に来てすぐ帰るというパターンをずっとしていたらしい。昨今「嫁は夫の両親のことを義実家（ギジッカ）と呼んで、距離を取る」という暗黙のルールがまかり通っていますが、では「今までオットの両親を優先していたワタシ」は何だったのだ？

しかしながら平成25年のお正月のワタシの実家は、新年早々イヤ～な雰囲気になっていた。認知症のせいなのかここ２、３年の母は「あそこ行きたい」「あそこでご飯食べたい（実際は殆ど食べられず）」という絶え間ない要求を繰り返していたので、父は徐々に追い詰められていった。去年平成25年の元日には「富士山行きたい」なんて、それ冗談でしょ？　ってことを言いそして忘れもしない1月7日に「(疎遠になっている) 実弟の所へ行きたい」と何度も言い募って、父はある決断をしたのだった。**そう「もう老老介護は限界」と**。

「わかった、弟の所へは連れて行く。だがもう、娘(つまりワタシだ)の近所の高齢者介護施設に入ってくれ」と宣言した。

そして1月7日の冬晴れの日に、父と母とワタシは親しくしている個人タクシーを利用して疎遠状態の母の弟宅へ行ったのだがね……。

昔の話だが、母の父母宅(つまりはワタシの祖父母宅)はS県の辺鄙な所にあったのだが、土地を売る時期がちょうどバブル時代だったので今だったらありえない! という大金を手に入れてしまった。それを手にしてしまったせいなのか、後天性障害で施設にいる母の兄の問題も絡めてそれはもう醜い財産争いが姉弟間であったのだ(これ以上は書けない)。 だから弟一家とは疎遠になっていたわけなのだが、母は認知症のせいかそういうイザコザはきれいさっぱりと忘れてしまったらしい。が、相手方である母の弟・叔父は忘れているはずがなかったので、弟宅に着いて少し経つとあれこれお金の件で叔父夫婦が言い出して父が対応した。母はただただ黙ってた……。「思いもしない大金を手にすると財産争いって酷いんだね」と諦念が湧いたワタシ。

そこからは父の神経質な指示のもと、母の介護付き有料老人ホーム入所の手続きの手伝いをさせられた。着る衣類に名前を付け、持っていく道具を色々用意し「小さいテーブルがいる」と老父が言うので「狭くなるからいらないのでは?」と返したら「何言ってんだ!(#゜Д゜)」と怒られた。娘に面倒くさいことをあれこれ要求しておいて、なんで更に怒鳴られなければならないのよ？　って泣いたな。……**結局のところ、そこに入所して半年過ぎた後に本人はあっけなくこの世を去ったのだった。**

2013年3月、ASD息子は都立特別支援学校高等部・知的障害部門・普通科を卒業した

去年のブログで「息子の就活と親の介護の両立は無理だ」と言っていたワタシは、学校の先生が薦める就労B型を蹴って、職業訓練学校の入試に息子をトライさせてみたが見事玉砕した。まあ、勝率は低いと思っていたけど。

そこで、一昨年から去年まで結構ニュースにも取り上げられていた某障害者就労移行支援事業所【仮名：X事業所】が関わっている民間塾（20歳未満なら入所可能）に頼み込んで入れてもらった。「まずそこの民間塾で本人の特性をチェックしてもらい、その後に続く同じ系列の（X事業所）に馴染んでくれれば」と考えたのだ。でもそこは同じ自閉症でも大卒とか大学院卒とか、または一旦就職した人達が多いとも聞いていたから「適応できるかどうか？」は半ば不安だった。そしてやはり危惧した通り、周りのIQの高さや知的能力の差についていけなくなった。そこで更に【息子の特性を理解してくれる場所、仮名：Z事業所】を探しまくって、今どうにかやっている。電車に乗る時間が長いのだが、それは本人が鉄道オタクだから

「色々な行き方のパターン」を考えてどうにか週４日通所している。

去年の３月に息子は挨拶と礼儀に厳しい都立特別支援学校高等部を卒業したが、この年は息子と同年代の大学生などによるバイト先での『バカッター騒ぎ』が頻繁に起こった年でもあった。息子の通っていた学校から徒歩15分くらいにある某大学生の『Ｔ市の某ソバ店のバカッター写真』なんぞ見てしまった時はもう爆笑ものだった。近所のちゃんとした大学生？　がこんな馬鹿げたことをしている一方で「ちゃんと元気に挨拶をしましょう」「服装はきちんとしましょう」と都立特別支援学校の先生方がしつこく言っているのって、『ゆとり教育世代の逆襲』と名付けている。今年もバカッター出るんだろうな～。

2014年
06月17日
火曜日

エマージェンシー（緊急事態）なことは
特別な行事の前に起きる

タイトルは何かのパロディではない全くもって真面目な話である。　昨日の６月15日は出身地でもないのに何故か富士霊園へごく身内だけで行き、実母と伯父の１周忌の墓参りのはずだった。はずだったのだが、まさかさあ～実家の父がその前日の朝に「冷や汗が出て血圧が低い」と連絡をしてきて自分で救急車を呼んで緊急入院するとは想定外すぎた！　その搬送先の病院に駆け付けたワタシ（長女である娘）。着いたら父は「今気分は良くなったから今日午後は予定通り予約したレストランに行って母の微々たる遺産相続の手続きをしなければ」とか言ったが、「それ絶対無理！　行政書士の方にキャンセルすると連絡したし、レストランにもすぐ伝えるから」と抑えつけた。
「狭心症です。１週間入院して検査後にステント・カテーテル手術をする予定です」とお医者様に伝えられた。「あわわわ～」と内心の動揺を隠しながらも関係者にメールしたが、問題は明日の１周忌の件である。「こうなったら（父と長女抜きで）長男である実兄に施主になってもらって決行してもらおう。今更全部無しとしたらかなりのキャンセル料が発生するし。今の時点なら、会食２名分のキャンセルだけで済む。実兄もいい年なんだからそれくらいできるでしょ」と老父と話し合った。今思い返せば『全部キャンセル』してしまえば良かった……という出来事が待っていたのだった。

　全くもって散々な出来事に遭遇してしまった。時系列にて示してみよう。6月15日（日）の午前10時近くか、車で移動中の実兄から「東名で大渋滞が発生して動けない。開始時間に間に合いそうもないから管理事務所に連絡してくれ。経費はダンナ（オットは義弟）にどうにかしてもらいたい。後でその分精算するから」と連絡が入る。
「はあっ？　施主が遅刻なんてそんなの絶対ＮＧだろうがー！」

　オットにその旨を連絡したら息子に「東名高速は火災事故の影響で渋滞が発生しているってニュースでやっていたよ」とずばり指摘されてしまう。

　我が家はそういう交通情報はこまめにチェックしているから中央高速を利用していた。というか朝のニュースでやっていたのに実兄はなんで知らないのか？　オットは「お義兄さんが会計を全部やるって昨日聞いていたから、オレはお金無いよ。わかったよ！　銀行探すよ！（#゜Д゜）」と電話口で怒っていた。

ワタシは霊園の管理事務所に開始時間を遅らせるように依頼し、あっちにメールこっちにメールと連絡係に徹する。さてこの状況が一般人のみならず、特にASDの人間（息子）にどれほどストレスフルか想像できるであろうか？

■本来の施主（父）が急病で、ASD息子の母であるワタシもいない状況が発生し

■「あらかじめ渋滞というニュースが出されている」にもかかわらず、東名を選んでまんまと渋滞に巻き込まれるという「バカかお前は」という行動を取ってしまった施主の実兄

■義理の兄のために、色々余計な雑用を任されてしまったオット

■１周忌の開始時間を遅らせるという折衝を現場にいないワタシがして、それを双方に伝えるという、かくも面倒くさいことをやりまくり……想定外すぎるー！

……まあ、そんなこんなでどうにかしたらしいのだが、その後の会食の席にて息子にとっての「なんだとー！（#゜Д゜）」が発生したそうだ。

ソフトドリンクを頼んで「ではお持ちします」との返事を聞いた直後に「申し訳ありません、品切れです」と言われてとうとうブチッとキレてしまったらしい。そりゃそうだ、「なんで東名なんかで来てー！」と「そのおかげで墓参りの時間が大幅に遅れて」のこの時点でASD息子は相当我慢していただろう、

息子的には限界だったはずだ。怒った息子は父と一緒に会食の場からバックレて別の場所で食事をしたらしい。パニックは起こさなかったらしいが。結局何人分の会食が余ってしまったのやら、その場にいなかったからワタシは知らない。実はオットも自分ではあり得ないミスに内心イライラしていたらしい。

気分の良くないことは続いた。ワタシが現場にいればどうにか上手く交渉できた『大学生の娘の奨学金申請の身元保証人の書類』について実兄に予め依頼しており、ちょうどこの日会うのだからと書類に記入欄があるのをチェックしてもらうというのを、娘に一任したのが非常にまずかった。身元保証人は【60歳未満／国内にいる親戚】と限られているから本当は頼みたくないけど頭を下げて実兄（娘にとっては伯父さん）になってもらおうとしたのだが、「必要書類に誤記がある」と実兄から指摘されて撥ねつけられて、その日は書類の完成は上手くいかなかった。「誤記」って、

■郵便番号の数字を１ヶ所間違えていた（そんなの手書き修正できるはず）

■誕生日の日付を１日分間違えていた（そんなの手書き修正できるはず）

■名前の漢字で縦線が抜けている箇所あり（そんなの手書きで訂正できる程度のミリ単位）

というものだが、そりゃあプライドが高い人からすれば【ちょっとこれはないんじゃないか？】と頭にくることだろうが、ワタシなんぞしょっちゅう名前を書き間違えられるからそんなこと全然気にしないんだけどね。

オットはその件に関しても更に相当頭にきて、今朝の電話で

は「オレは息子の世話で手いっぱいなんだから娘の方はお前がちゃんと見ろよ！」と怒鳴られてしまった。

……というわけで、自分の家に帰るのが怖くなってしまったワタシは自分の実家の父のパソコンでこのブログを書いているのである。そしてお犬様の世話と入院中の父の見舞いと小間使いをし「あれ持ってきて」「ここに連絡して」との命令を受けて執事のごとくお仕えしている。お医者様には「今日（6月16日）『ステント・カテーテル手術』の予定でしたが、新しい薬を使った時に肝機能に異常が出たので中止します」と言われた。入院は１週間で済むだろうか？　一旦健康体になったとしてもやはり今後のことも本格的に考えなければならないのか？

しかし今回の件で実兄が【ホント使い物にならない】と心底参ったワタシは、【実兄とその妻に老父の件で「手伝って」と言っても言うだけ無駄】の境地になっている。不条理だなあと感じている。

2015年
02月08日
日曜日

娘発熱、母胃痛……大学病院に行った

１月末から娘が微熱から高熱の繰り返しをして、病院に連れて行って２回もインフルエンザの検査をしても陰性で「なんだ、この熱は？」と色々悪い方へ想像しまくっていた。その最中にも娘の大学の学科の再試験があって、本人が相当しんどそうにしていてもこればっかりは代わりがきかない。ワタシは１月

31日から、以前から断続的にあった【胃痛】が殊更酷くなったので「もう市販のクスリや近所の病院ではカバーしきれないかも」と思い、今日母娘で大学病院に行った。娘は内科扱いだったが「アナタは消化器科ですね」と言われて、今回は娘優先にした。午前10時半位から病院に入って、様々な検査をしまくって全て終わったのが午後４時近くで「やっぱり大学病院って待ち時間が長い」とウンザリした。血液検査もレントゲンも色々したが最後のCTスキャンで「これかな？」というのがあったが、続きは来週となってしまった。その間にまた娘は高熱が出てぐったりして、嗚呼ワタシは胃がシクシクするうう。

大学病院で色々検査とクスリ代等などで２万円近くかかってしまった。まあ自分の家族がなんだか訳のわからない病気でアタフタしているから、当然実家の父の所へは「そちらへ行くの無理ですから！」としている状況だ。

2015年
02月12日
木曜日

娘発熱、継続中……
今日はまた、血液検査がある

娘の発熱・寒気・だるいは１月の末日から約10日以上継続していて症状のアップダウンが激しい。

調子の悪い時はぐったりしているが、いい時はお友達とLINEでおしゃべりをしてゲラゲラ自室で笑っている。今日の午前中にホントは血液と尿検査があったのだが【朝食は食べずに】のところをうっかり食べてしまったので、それから４時間以上は時間を空けて再度検査に出かけると変更したので今自宅で待機中なのだ。明日は今日の検査結果を聞くからまた再度大学病院に行くため付き添わざるを得ないので、もう思い切って12日と13日は有給休暇にした。ただでさえ少ない有給休暇なのに……。

そ・し・て、娘が病気という大義名分があるから、実家の父の所には【家事支援とか～細々した色々雑用でこき使われる】１月下旬以降行かなくて済んでいる。父から先週は「外孫２の様子はどうなんだ？」と心配の電話がかかってきたが、ここ数日はなんにも連絡がない。ともかく【実の娘に依存してあれこれやってくれ】とは言えない状態になったのは確かなのだから「自分のことは自分でどうにかしよう」と思って勝手にやっているのであろう。

……とここでタイピングしているうちに、どうやらそろそろ娘を起こす時間が迫ってきた。ホント内心「どうか神様お願いです！『難病』とか『命に関わる病気』とかじゃありませんように！」とワタシは祈っている。母親たるワタシが暗い顔をしてはいけないので（だっていちばん不安なのは娘なのだから）、表面上はポーカーフェイスなのだが必死に祈っている。『第１子に障害があるという事実』に、『第２子が深刻な病気』なんて言ったら、……ワタシ泣くぞ。

2015年
03月31日
火曜日

娘入退院、老父入退院、そして犬が死んだ

自分の娘が入院し治療中の時に、実家の父まで『胆のう炎』で入院して手術だという事態は、さすがにワタシ１人の肩には荷が重すぎたので、「親の世話についてはほとんどガン無視している実兄」を無理やり動かして、父の世話をさせた。

「ワタシ（実妹）の家の状態は、父から聞いているでしょ！　こっちは大変なんだ―――！　入院準備の手伝いはあなたがやってよ――！（#゜Д゜）」とつい電話越しに怒鳴りつけてしまった。

そりゃあ色々事情はおありでしょうがね、こちらの方が今大変なんだよ！

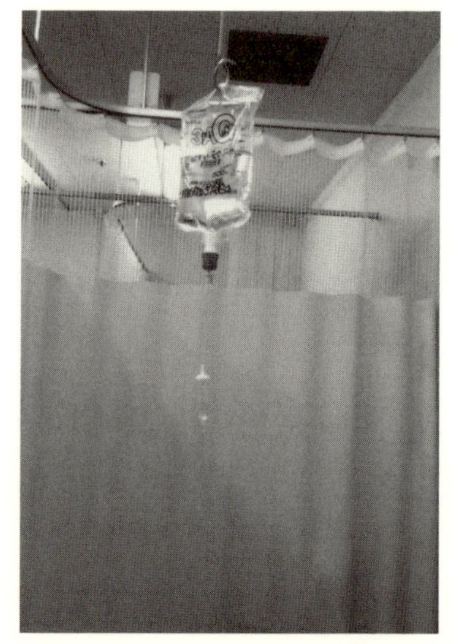

娘の治療はガンガン点滴をしまくったのでどうにか熱は下がって３月11日に退院することができました。しかしながら半端じゃない量のクスリを体内に入れた影響なのか？　身体に湿疹が出てきたので、今日（３月31日）もその病院に行って皮膚科に回され「取

り敢えず様子を観ましょう」という現状です。

実家の父の方は、入院準備と手術の付き添いなどは実兄に任せましたが、この時の実兄の様子を後日聞いてみると、「やっぱ実兄には父の世話すら重かったらしい」という結果でした。夕方数時間の入院準備をしただけで【次の日体調不良】なんて病弱なのか？　老父の方は胆のうを切除したら順調に回復しましたが入院した人より介護する側の方が病んでいやがんの。

父が入院中にペットのシェルティは動物病院に預けていたのですが、父の退院前日に急死してしまいました。いやあもう13歳というシニア犬だったし、散歩に行けば息が荒かったし、動物病院のドクターも「もう体ボロボロだねえ」と言う状態だったから遅かれ早かれこういう時が来るとは予測はしていたけど、ワタシの妄想としては「ワタシの娘と父の病を、身代わりになってくれたのではないだろうか？　つまり身を挺して助けてくれたのではないのか」としています。

怒涛の３月がもう少しで終わる。そしてまたワタシの仕事先の幼児の阿鼻叫喚を聞く保育園事務の４月初日が始まるのだね。

2015年
06月20日
土曜日

とうとうワタシの頭はうつが悪化したようだ

頭が混沌状態から、混乱状態を経てとうとう「あ、今日うつ悪化したな」と自覚しました。３年前の今日、舅が亡くなった。２年前は認知症になっていた実家の母が介護付き有料老人ホームに１月に入居したが、７月４日に亡くなった。去年の今頃は実家の父が母の１周忌の前日に狭心症で緊急入院した。そして今年は……ASD息子の就活【障害者就労移行支援事業所は利用期間が２年と決まっている】と、膠原病の一種になった娘のケアがダブルブッキングしている現在「もうダメ、耐えられない」となってしまった。「なんでこんなにしんどいんだろう？」と思っていたら、２人の子供のフォローアップで、本人達はもとより周りから色々文句言われまくって、でもオットは仕事に忙殺されていて、結果自分１人で全部抱えていたせいで限界が来てしまったようだ。

まずASD息子の就活を説明しよう。先月の『実習を受けた後に面接』は不採用だった。だけど今の【Ｚ就労移行支援事業所】は本当は６月いっぱいでおしまいなので、就職活動は本格的にしなければならないのだった。今週も面接が２つほどあったが、その後の息子のメンタルのフォローが半端なく大変である。家で【とある企業（これが高１の時に１日だけ行った所という因縁のある場所／クラスでインフルエンザが出たので感染していると実習先に迷惑がかかるからという理由で急遽２日目中止となって、その日の夜息子がパニックを起こした）へのエントリーシート】を書いたら、次の日に【Ｚ就労移行支援事業所】からダメ出しされて「簡易書留の速達扱いで発送してください」と追い打ちをかけられた。息子からは「エントリーシートの内容が全然ダメだったから全部書き直しをさせられた、母の指示通りにしたのに」と責められて、と同時にだよ、いきなり息子から「（落語家で『笑点』の司会）歌丸が入院だって」なんて話を聞いていれば、その内容の支離滅裂さにワタシのコメカミに（#ﾟДﾟ）マークも浮き出よう。簡易書留？　速達？　で出せばこちらの『本気度』も理解してくれるのではという【Ｚ就労移行支援事業所】側の考えだが、「それならワタシが直接持っていきます！」と伝えといた。あんな嫌な思い出のある因縁の場所に行きたくないけど、直に持って行けばいいんだろ？　郵便代が勿体ない！

次に娘の膠原病の経過について説明しよう。以前のブログで本人の今後について色々悲観的な見方をしていたが、その当の本人の行動に段々不信感が湧いてきて、そのくせ母たるワタシに文句たれるしでコメカミに更に（#ﾟДﾟ）マークが増えたのだった。先週娘を診察した医師から【正式な診断書】をもらって（勿論タダではない）「学科の担任の先生に見せなさい」と伝えたのに、母親のアドバイスを見事に無視した。そうしたら今週の木曜日に大学で具合が悪くなって保健室に行ったとかで、その夜に学科の担任から直接電話があった。「正式な診断書を持たせて『担任の先生に渡すように』と言いましたけど？」「もらっていません、診断名も聞いていません」て言われた時には「そんなあ〜！　なんでだよ？」と相当動揺した。多分昨日の『今後の学生生活で気を付けることについてのメモ』も娘のバッグの中でシワクチャになっているであろう。母親がこんなに気を配っているのに、なんで本人はこちらの神経を逆なでするようなことをするんだ？

2016年
12月23日
金曜日

2016年８月下旬から今までにあったこと

時々はこのブログを開いていたんですが、数ヶ月手つかず状態でした。ワタシがブログをストップさせるというと【何かしらあった】という意味でして。その【何かしら】については「個人的体験」ともとれるし「今同じような状況に陥っている人は少なからずいるだろう」とも考えられ、このまま黙っているつもりはないのですなあ。

だから記録としてここに記しておきます。８月の末に実家の父が「胸が苦しい」と言って循環器内科の主治医の所へ付き添ったら、青梅方面の病院へ入院となってしまいました。実家の母が糖尿病からアルツハイマー型認知症になって、老老介護の限界で介護付き有料老人ホームに入所しましたが、半年後に心臓疾患で急死したのが３年前の2013年の夏だったのですが、そこから毎年何かしら外科手術を繰り返している父であり「またなのか」という感じでした。「胸が苦しい」と言い出した日の２～３日前にアグレッシブにテニスやらソーシャルダンスなどをやったのが悪影響を与えたらしく「不整脈がちょっと酷い」とのことで主治医の知り合いがいる遠い病院に入ったところ、数日後に酸素吸入を受けだして「どしぇ～～～」と顔が青くなるワタシ。お医者さんの説明を受けて入院の支度をして、実家に宅配されるお弁当の一時中止の手配をして、新聞がどうしたとか『ステラ』（NHKの週刊誌）がどうした、とかの雑務に追われました。腹の中で気持ちがグルグルする。

ワタシは現在ASD息子の新しい仕事についての悩みを傾聴し続け、医療系大学に通っている娘の学費稼ぎでダブルワーク・土日祝日も別の場所で仕事を６月から始めて、オットは９月から今までより10万円は収入減となるというのに、つまり『家計も気持ちも全然余裕がないワタシが何故実家の父の面倒をあれこれ見続けなくてはならないのか？』と。　どうして老父の世話をワタシ１人が抱え続けなくてはならないのか？「もう抱えきれない、こちらの事情も考えてよ」と実兄にシグナルを出すのだが、どうしてほとんど動かないのか？　と鬱屈した思いで酸素吸入をするベッドの老父を見つめていた。

そして多分一生忘れないだろう９月１日、入院先の病院から朝いきなり電話が入った。「不整脈の調子が悪いので、緊急にカテーテル手術をします」と。実はその日はSpitzのNHKホールのコンサートに行く日だったから、更に顔がひきつった。「もしかして、もしかしたら……」とあせるワタシのすぐそばで「今日のコンサートは絶対行きなよ！」と息子が言いまくる。

以前Spitzのコンサートに行く予定があったのを、息子に「行くな」と言われて中止したので「今回はちゃんと行け」と命令されたのだ。命令に背くと息子がまたゴネる。

結局その日カテーテル手術を受けた老父は「昔約20年前に心筋梗塞を起こしてカテーテル手術をした時よりかは全然ラクな処置だった」とケロッとした顔で病室のベッドに戻ってきた。『死への連想』からケロッとした顔で生きて戻ってきた父の顔を見て何とも複雑な気分になった。ワタシのメンタルはアップダウンのジェットコースターに乗った気分をとことん味わわされたのでしんどかったのだ。

病室を出たワタシはその足で渋谷のNHKホールに行きました。行ったわよ！　ホントは家に帰って布団に倒れこみたかったけど、ASD息子に「どうしてNHKホールに行かなかった！」と怒られたくなかったんだもん。その日は蒸し暑い日でした。まあ嫌な汗は散々かいた日でもあったからねえ。ヤケクソになってワーキャー騒ぎました。「この観衆の中で、ワタシほど今日一日ハードな日を送った者はおるまい」と考えながら。「白い花が咲〜いた〜」（Spitz『醒めない』より「ヒビスクス」。生と死を考えさせられる曲）を聴きました。

その後【カテーテル手術をしたから今週末には退院できる】と安心していたのだが、そうは上手

く話が進まなかったのだった。

実父の入院は約１ヶ月続いた
（８月下旬～９月下旬）
更に……

心臓疾患でカテーテル手術を受けるとその後数日で退院していく同じ病棟の人達。しかし父の入院は長びいた、そして医師から「カテーテルアブレーション『心筋焼灼術』をして不整脈を治します」と言われた。アブレーション？　初めて聞く名前に戸惑った。

インターネットやら図書館やら何か資料はないか？　と探し回った。そしてアブレーション手術後やっと退院できると説明を聞く時に、図書館から借りた本を出して「父の不整脈はどの種類なのですか？」と執刀医に質問したら「この本の著者は全然ダメですから。臨床なんかしてやしない」と、こんな本持ってきやがってだから素人は……という対応をされた。　食い下がったら146ページの【心室頻拍・心室細動①心臓のポンプが機能しない「危険な不整脈」】の箇所を指し示してくれましたけど。様々な専門職の人から「これだから素人は……」という対応は、ASD息子を育てる際に散々味わったからねえ。だけど図書館で探して『カテーテルアブレーション』という言葉がある素人にもわかる医療本は、これしかなかったんだよ！

そして父である。執刀医に「いつからテニスとかソーシャルダンスとかできますか？」と質問して、執刀医は（多分）コメカミに（#ﾟДﾟ）マークが浮かんでいたと思う。「次元が違います」と窘められた。父はここ３年、毎年外科手術を受けていたせいか「今回も大したことない、すぐ元に戻る」と思っていたらしい。「それは相当な勘違いだろう」とワタシも感じていた。その後の治療は、

1．カテーテルアブレーション手術を受けて、一旦退院
2．そして２〜３週間後にまた再入院して、今度はカテーテルでバルーンを血管に入れて詰まっている血管「治療その１」をして、一旦退院
3．更にまた２週間後に再々入院し、同じように「治療その２」をすることで、今度こそ完全退院

と、夏から秋はもう青梅の病院―実家―自分の家―会社をグルグル回って回りすぎて、さすがに自分がぶっ倒れて仕事（保育園事務）を休んだ時もあった。

その間に【東京都福祉保健財団での『地域子育て支援員』養成の勉強】もしていたから気持ちも全然余裕が無くなっていた。父の心臓のことを考えるに、

■この先、父は徐々に弱っていくんだろう
■そして実の娘のワタシに依存するんだろう
■ワタシを使い回すのか〜と暗くなる

事実、入院中に「もう２人分のチケットを取ったから一緒にコンサート行こう」と、夢グループ（小林幸子コンサート／小林旭その他大勢）の載った新聞の切り抜きを見せられた時、「そこまでワタシがやらないといけないの？」と内心腹が立った。

2016年
12月26日
月曜日

実父と実兄のエクスキューズ（言い訳）そしてワタシは病んでしまい

実家の父は自分のすべてのカテーテルアブレーション手術が終了後に「夢グループのコンサートへ行きたい」と、こちらの予定も聞かずに勝手に２人分のチケットを取ったので「小林幸子／小林旭とその他大勢」のコンサートへ同行する羽目になった。興味がないコンサートに同行するのは非常に肩が凝った。しかし父は今までの趣味（テニス／ソーシャルダンス）はおそらくできない身体になったであろう。生きる楽しみが減ってしまって心の隙間をどうにか埋めたいという気持ちはわかるが。娘のワタシだって憐憫の情はあるけどね、（デモ、アナタノムスメデアルワタシハホントニヨユウガナインダヨ～）と内心のたうち回っていた。夢グループのコンサート２本が２週続けてあったが、終わった後２日間寝込んでしまった。

そして数日後の土日のダブルワークの最中にトイレに入ってギョッとした！「下血～？　えっ、なんで？　閉経しているのに！」と驚いたと同時に「あ～やっぱり看病疲れと諸々のストレスが自分の身体に来たのか」とガックリした。次の日婦人科病院に検査に行ったら検査が痛くてめまいを起こしてしまい【診察後に休憩室行き】を初めて経験した。「癌かもしれない」という不安と「もしそうだったら、今後どう動けばいいのか？どうすればいいのか？」という思いで悶々とした１週間を過ごした。……結果は「大丈夫でしたよ」だったが、下血が薬を飲んでもなかなか止まらなくて「なんか自分、もう結構ボロボロなんだなあ～」とため息をついたのが11月の出来事だった。
「ワタシって大変でしょ」とトラブル自慢をしたいわけではない。なんかね、**親の介護というか病気の看病を、複数いる子供のうちのたった１人で抱え込まなければならないのは、ひとりっ子の親の介護より精神的に辛くて孤独感が強いのよ！** 実兄は色々言い訳をして【だから自分には親の介護は無理だアピール】をしているのだが、それはつまり【言い訳をして介護から逃げている】にしか見えない。
「仕事がハードだから土日にはすごく疲れて一日中寝込んでいる。だからなかなか父の入院する病院にも行かれない」と実兄が言い、更に父が「息子があんまり辛そうで可哀想だから、あまり自分の世話はかけたくない」とまで言うのだ。それで親の介護や看病は娘のワタシがしろと言うのか？　ワタシだってうつ病のクスリを飲んでいるのに！　でも大学生の娘の学費捻出などのために土日祝日も働かなければならないのに！　それなのに土日に寝込む余裕のある人の方が可哀想だ～？
　父と兄のある意味【保身ゆえのずるい言い訳】のせいで不正出血までしたワタシはずっとこんなこと繰り返すのかよ～～と嘆きたくても泣けないわ。親が複数いる子供のうち「子供Ａには自分達の介護などの負担をかけさせたくない、だから子供Ｂにお願いしよう」と差別するのは、「ちょっとそれはないのでは」と思う。更に最近は子供側から「親はワタシにとって毒親だった。だから老後の世話なんかしてやるもんか」「親の世話は、兄弟に姉妹に丸投げしよう」と逃げる口実にしている類の話も聞く。そんなエゴイスティックなエクスキューズで親の看病や介護を他の兄妹姉妹に丸投げして、それで自分達は楽するって、人としてどうなのよ？

2016年
12月28日
水曜日

有料老人ホームのススメ（ヨユウがあればね）

平日は保育園で事務をしながら赤ちゃんの笑顔を楽しみ、土日祝日は有料老人ホームで事務とフロント対応をして、つまり【1週間、0歳から95歳までの人間と触れあっている仕事をしている】のだが、ここ最近【老親の終の棲家は、有料老人ホーム（介護付きとか色々種類があるけどね）も有りなのでは】と考える。まあ余裕があればという前提だけどね。老親自身が「自分の世話で子供の手を煩わせてはいけない」と考えるのもよし、子供自身が「自分の親は毒親だった。だから年老いて弱くなったからって世話なんかするもんか」と親の顔を見るだけで嫌悪感を募らせていれば、それなら老親の世話は血のつながりのない他者に委ねるのは有りでしょ。親子の確執なんぞなんにも知らない他人の方が丁寧に対応してくれるでしょ。【血のつながり】なんぞ期待しないものだ。
【親子なんだから、最後はわかり合える】は幻想だ。でも「お金がない」という現実が横たわっているから、家族間で介護せざるを得なくて、どんどん追い詰められて今年は『親子間での介護殺人』が増加したんだよねえ。多分このような不幸な事件はどんどん増えるだろうと、不気味な予言をする魔女。実は今までの話には強烈なオチがあったのだ。
有料老人ホームは入居するまでの準備金が結構大金なのは否定できない。少なくともワタシが土日祝日勤めている『住宅型有料老人ホーム』は入居の際の準備金がかなりの高額で、空き室がなかなか埋まらないのだった。『空き室ゼロ』を目標とするべく、以前問い合わせのあった方へテレフォンアポイントメントをこの秋にやらされましたよ。フロント業務は営業も兼ねるのよ。
自分自身の経験だと、以前アルツハイマー型認知症の母を介護付き有料老人ホームに入居させる際にあちこち資料請求をしたのだが、時々「その後いかがですか？」と電話が来たりしたことはあった。「もう亡くなったので必要ありません」と答えていたのだが、あれは営業だったんですねえ。ともかく「営業の最初の１歩のテレフォンアポイントメント」をその日もしようとした。問い合わせのリストを取り出して「この名前？」という箇所を見つけ、住所を見たら「どっかで見た住所？」となって次の瞬間ゲラゲラ笑い出してしまった。実兄の奴、老父を妹のワタシが住んでいる所の近所にある有料老人ホームに入れようと思っていたのか！　すっかりワタシにバレている！
「本当に老父の世話をワタシに押し付けたいんだなあ～」と呆れたが、まあ仮にそうなったとしよう。でも入居までの準備は問い合わせを最初にした人（実兄）がするのか？　……そんなわけないね、準備から何から何までワタシに押し付けるつもりだろ！　ふざけんな！
今週の土日（大晦日と元日）もワタシは有料老人ホームのパートがシフトに入っている。以前からそれはわかっていたから今年は「おせちは作らない！」と宣言して宅配おせちにした。日本の食のしきたりを重んじるオットから渋い顔をされたが「シフトだも〜ん」と突っぱねた。そして少し嫌味ったらしく（と言っても本心は儚い希望でもあったのだが）実兄に【妹のワタシは、元日はし・ご・と。元日くらい老父を家に招待したらどうですか？】とメールを出してみた。現在、徹底的に無視されていて返事は全然ない。やっぱり【血のつながり】は期待できない……と魔女自身も再確認するのだった。

というわけで、12月30日は老父と娘のワタシが百貨店めぐりをして老父用のおせちを買うと。そして1月2日は老父を囲んで、飛騨牛のすき焼きパーティーの予定である。

「今年のおせちは宅配に頼んで良かった」と今ホッとしている。おせちを作りたい気分になどなれない事態が発生したからなのだが。

死はすべての人に平等に訪れるものなのか？？ その1

12月24日（土曜日）に有料老人ホームのフロント業務に入ったら、木曜日まで元気だった方が金曜日に安否確認に行った時には室内で亡くなっていたと聞いてショックを受けた。その有料老人ホームでのイベントに結構顔を出してくれてフットワークが軽くて協力的な方で親しくしていたからだった。「持病がおありだったから」と他スタッフが説明してくれたが、その病名がオットの父が罹患した病気【骨髄異形成症候群】だったと聞いて、二重のショックを受けた。
「……でも」と思い直す。
　オットの父はその骨髄異形成症候群から慢性白血病に重病化して、最期は筆舌に尽くし難い日々を過ごしたから「あの最期を経験しないでお亡くなりになったからそれは救いだろう」と自分を納得させた。ちょうどこの日は、毎月その方が中心になってやっていたとあるイベント日でもあった。「追悼の意味でイベントをやろう！」とスタッフで話して、準備をしていつも出席する入居者さんをお誘いした。しかし入居者さんの中でもやはりかなりショックを受けていた方もおり、

■入居者「とてもそのイベントに出る気が起きない。どうして出なければいけないの？」
■ワタシ「亡くなったあの方は、このイベントの場にいますよ」なんて言っていたが、納得するわけなく
■入居者「どうしていいかわからない、答えて。（ワタシ考え中で目を閉じていたが）目をつむっていないで答えて」
■ワタシ「私が考えていたのは別のことです。実は夫の父はあの方と同じ病気だったんですが、重症化してしまって」と自分の経験を話し始めた。そして、その闘病の様子を事細かに説明して「入居者の方はそういう過酷な経験をしないで、お亡くなりになったんですから」
■入居者「だから、良かったと？」
■ワタシ「私はそう思います。夫の父の時は修羅場でした」（内心「何をワタシに語らせてんだー！」と悲鳴を上げていた）

結局その方は少し遅れてイベントに参加してくれたが。

死はすべての人に平等に訪れるものなのか？？ その2

12月24日は、そういうダウナーな日だった。そうしたら次の日の朝、居住しているマンションに救急車が来たのをカーテン越しに見かけた。「誰だろ？　誰か脳梗塞でも起こして救急搬送かな？」と考えていたが、その日から２日後の27日、居住マンションのワタシの号室の斜め下の部屋の奥さんが急死してしまったのを知った。「まだ60代だったのに！」とか、「この間２人で市役所からマンションまで一緒に歩いて帰ったのに！」と近所の奥さん達と悲嘆に暮れた。旦那さんが「俺がもう少し早く……」とかなりのショックを受けて憔悴しきっているのを見て、穏やかに続いていた日常生活がこんな形で断ち切られようとは！　と、何て言葉をかけていいのかわからない気持ちになった。　明日はお通夜に行く予定であるが息子は少し前なら「夜に母親が外出」に何かしら文句を言っていたが、「海外出張中の父（オット）が30日の朝に成田に帰国するから、Ａ区のおじいちゃんの家に前日の夜から１人で行って泊まる。そこで父が帰国するのを待つ」ということにスンナリ納得してくれた。成田からだとＡ区の方が近いからね。

今年の年末もASD息子は毎年恒例の『紅白歌合戦についての考察』でハイテンションになっている。周りの人は「よいお年を」と挨拶して仕事おさめをした。しかし、同じマンション内で悲しみに暮れて慟哭の嗚咽をもらしている人がいると思うと、ワタシ個人は全然めでたい気分ではないのだった。元々今年はおせちを作る予定はなかったが、こんな気分でご馳走なんぞ作る気力などゼロである。どこがめでたいのか？

第2章
不倫と癌の父とワタシ

2017.08.19 ～ 2022.02.20

前頁写真／映画の撮影があった日の空

2017年
08月19日
土曜日

実家が映画の撮影に使われる日に、実父の癌診断

前回のブログから実に約８ヶ月も間が空いたのは、色々ハードなことが立て続けにあってブログを更新する気力がなくなっていたわけで。そして今日多分１番キツクなる日ではないかと思われるので敢えてここに記録しておきます。「よりによってこの日に！」なのである。

ワタシの東京郊外のＨ市の実家が映画の撮影で使われるのである。主演は朝ドラや大河ドラマにも出ていた俳優で、１人２役をするそうです。**そして家の周囲がワチャワチャする日の朝に高尾の総合医療センターで父の癌の治療方針を聞く日と重なってしまいました**。父は先週の水曜日に「癌ですね」と宣告をされてしまいました。それから後がもう世間がお盆休みだったためワタシにとって心身ともにキツキツの日々が過ぎたので、16日なんぞは一気にうつ症状が出て１日寝込んでしまいました。世間はお盆で「楽しい夏休み、家族旅行でなごやかに～」というテレビのニュースを見て「どこがだ？（#ﾟДﾟ）」と内心怒りまくっていたワタシ。癌だとわかった段階で即入院となればまだましでしたが「ベッドの空きがない」「お盆休みと重なった」となってしまい、そしてものすごく遠い病院までPET検査を受けに２人で出かけました。費用は【実額９万円くらい：３割負担で３万円／父親は年金が潤沢にあるので保険料は３割負担】

PET検査とは、癌などの病変を検査する画像診断方法の一つで、微量の放射線で目印をつけたブドウ糖を体内に投与してから専用のカメラで撮影すると、癌細胞が光っているように表示され癌の位置や大きさ等を判断することができます……というのは、インターネット検索から引っ張ってきた情報です。

朝早く出かけてやっと終わったと思ってワタシの家に電話を入れたら、お盆休みで職場が休みの息子が何やら喚いていました。　そうしたら、やっと大学の授業の病院実習が終わった娘が「高尾の総合医療センターから我が家へ電話連絡があった」と言うではないですか。

「なんで？」だわな、普通父へ直接電話連絡があるはずなのに。後でチェックしたら、父のスマホには履歴は残っていたが、「遠くの病院までPET検査に行け」と言ったのはそっち（総合医療センター）じゃないか！　こちらが多忙なのを知っているくせに、なんでよりによってワタシの家に連絡するんだ！　おかげで『想定外すぎて』ASD息子がギャーギャー喚きだしたじゃないか！　……と暗澹たる気分になりました。折り返し父が連絡を取ったところ「実父の心臓の主治医（個人病院の循環器内科）がお盆休みなので、手術対応のために心臓の検査を明日・明後日にこちらの高尾の方でします」という内容だった。世間はお盆休みだからな～心臓の主治医もお休みだよな。だからってなあ～世間はノホホンと和やかにお休みを過ごしているのに、ひるがえって自分達はどうなんだ？『癌の検査』と『ASD息子の喚きまくりの電話とメール攻撃』で気分は最悪である。そもそも根本原因は何だ？　オットが海外出張で19日まで家にいないからだ！　世間はお盆休みだというのにこのところ海外出張ばかりしているからワタシ１人で「障害のある息子／難病の娘／病気の父」のワンオペ介護をしているせいじゃないか！

さて、もうワタシが高尾の方に行く時間になったので今日はここまでにします。ASD息子はこれから１人で西武鉄道の鉄道イベントに埼玉県まで出かけるのだと。オットは今日のお昼には帰国するだろう。まるっきり先が見えない状況が今年に入ってから何回もあった。今日もその日なのか。

2017年
10月13日
金曜日

「じいさん寝たきりになったらどうしよう」と言ったら、娘に「朝からそんなこと言うな」と怒られた

あの【実家が映画の撮影に使われた】という日々からもうかれこれ約２ヶ月が経とうとしている。父は下咽頭癌の治療の放射線照射治療を受けに月曜日から金曜日までせっせと高尾の総合医療センターまで通っているが結構ヘロヘロでバテている。先週の火曜日に咽頭外科の担当医に「入院したいです」と言ったら、「まだ健康状態がいいのだからダメです。これで入院したら、そのまま寝たきりになって認知症を発症するかもしれないし」と結構ダメ出しを食らわされた。しかしながら帰りのバス乗り込みの時につまずいて倒れそうになるし、帰宅すればぐったりとして寝ていることが多いし、食欲は確実に落ちているし、要するに生活能力が２ヶ月前より落ちている。「血液検査では栄養状態はいいんだから」と担当医に言われたが、そりゃそうだ、ワタシが【ハーバード大学式食事なんたら】で食

事に気を使っているからであって。放射線治療が11月に終わったらそれで元に戻るのだろうか？　週に何回かワタシが実家に通って生活のフォロー（いやもう介護か）を頑張ってしていても、徐々に徐々にゆるりと衰えていくのではないか？　東京在住の実兄一家は無視を貫いているし。兄は仕事がハードなので土日は寝込んでいるアピールをし、兄嫁は癌発覚から今まで電話１本もしてこない、ある意味すごい。ワタシ１人で老父の闘病を見守っている。

膠原病娘が『バイト代わり』と週１回老父宅に行って家事援助をしてくれるが、その膠原病がな〜〜〜、少し調子が悪くなってステロイドを使用し始めたら本人のメンタルもなんだか影響を受けている。娘が赤ちゃんの頃、年子の兄と違ってうまく母乳を飲んでくれたから「これで免疫が強くなる」なんて思って育てていたのに、何故成人してから「自己免疫疾患」（自分の免疫を自己体内で攻撃する病気）に罹ってしまったのだろうか？　母乳を一生懸命あげていたことが全部無駄になってしまったではないか！　この悔しさ！　腹立たしさ！　**そもそも難病の孫娘自身が、癌の祖父の家事援助に週１回通っているのもおかしな話だよな**。……と今このブログを打っていたら、ASD息子が職場の就労A型事業所に行く前に「京王線が遅れていてなんたらかんたら。お客様センターに電話して！」と騒々しく電話してきた。

そもそも障害者を抱えた親が、癌の父の家事援助と介護をしているのもおかしな話だよな。要するに今日もこれから父の所へ、あの映画撮影のあった実家へ行くのだが、時々猛烈に腹が立って仕方がない日々を送っているのだった。そもそも今年はまだ終わっていないが「ろくなことがない！（#゜Д゜）」年であったが……。とこれで終わらせて出かける準備をしようとしていたら玄関のインターフォンが鳴り、「エ〇〇の証人です」ときたもんだ。一瞬ムカッと来たので「これから親の介護に行くんですよ！」とキツク応えてしまった。宗教で今のワタシの心は救えないんだよ！

2018年
01月27日
土曜日

思い返せば、去年の映画撮影から予兆はあった

去年の８月20・21・23日にとある映画撮影に実家が使われたのだが、その理由はおそらく

■長い間誰も住んでいないように見える中古の戸建て、庭は手入れしていないから草ボーボーだし（注釈：いや住んでいるけど、家のメンテナンスなんぞに無関心な家主〈高齢父〉つまり、まあホントボロボロだよ〜んの家。蛇足ながら、外壁にへばりついていたツタは設定に邪魔だったらしく、ロケ隊が刈り取ってくれた。玄関の劣化の激しい扉も塗ってくれた）

■２階は誰も使っていないので、映画撮影でカメラを置ける、照明も置ける等の条件にぴったり！（注釈：うるさい孫＝ASD息子との同居は無理だと言われた。こちらも同居する気はないが）

その話を最初に聞いた時はまだ咽喉に異常があるとは知らな

かったので、【家に居ながら、映画の撮影を間近に見られる！一生の記念になる！】と父はホクホクしていた。娘（ワタシ）は【人がいっぱい来るから嫌だなー】とちょっと躊躇していたが、その後撮影当日が「家主（高齢父）の下喉頭癌の検査結果と治療方針を考える日」となってしまって「ホントはそれどころじゃねえー！」とドラマチックな日を迎えてしまったのだった……。

映画『寝ても覚めても』の撮影をした家（2017年当時）
2018年4月頃に家はもう無くなりました

高尾の総合医療センターで【下咽頭癌のステージⅢ／心臓疾患があるから、手術と抗癌剤は無しの放射線治療を薦める】と咽喉外科の担当医に宣告され、この時はワタシの実兄（長男）は同席していた。しかし病院を出た途端「じゃあ俺自分の家に帰るから。実家まで送らないから」とさっさとトンズラしやがった。その後全くこちらのことは無視しているがな！　帰りのタクシーの中で兄のその冷淡な態度にムカついていたら、近所の公園で【いかにも何か撮影していまーす！】てな光景を見かけて、車の移動が邪魔になるかと思って降りた。ふと近くの公園に目をやると、主演の人に激似の黒いサングラスをかけた青年がブランコを漕いでいた。

「へえ、もうロケしているんだ」と、父の癌治療の方針とかこれからの不安から現実逃避して、そばにいたスタッフらしき人に「あの人主演の人ですか？」と聞いたらはぐらかされた。

　ご本人は『出番待ち』だったらしく、ワタシ達の様子を見てイヤホンを着けてまたブランコを漕いでいた。彼が揺らしたブランコの風はワタシの気持ちに涼風を起こした、なーんてな。

　８月20日は結局家での映画撮影はなかったが、21日と追加で23日は家を使って、ワタシら（父とワタシ）は１階で息をひそめて成り行きを見守った。スタッフは正直言ってそんなに大勢は来ていなかった。でも蒸し暑い日だったので皆さん汗だくだくで、その中の１人から「トイレ貸してください」と言われた時にゃ「しまった！　トイレ掃除してない！　実家のトイレ掃除なんぞ老父がするわけないのできったなーい‼」と激しく後悔した。

　セリフの応酬が聞こえて、玄関ドアをバタン！　と激しく何回も閉められて、「まあ、中古の空き家に引っ越したという設定だけどさ～」と１階のリビングで考えていた。そして８月23日は【下咽頭癌は、放射線治療を行う。治療中は家から病院まで通院する】と、ある意味重い決定をした日でもあったが、こちらが病院から帰ってきても「前のシーンがまだ押していて終わっていないので、メンバーまだそろっていません」状態だった。

この日は更に蒸し暑くなった。ああ、それなのに２階の雨戸を閉めちゃって更に【ウチの実家の２階は暑いんだよーん】状態になっての撮影はちょっと大変だっただろう（注釈：撮影中は音声の関係上、エアコンは使用不可。空き家に引っ越ししたばかりという設定だし）。出演者が自分の首に氷嚢を当てているほど暑かったらしくTシャツが汗だくだった。父（つまりこの家の主）は病院からの帰りでくたびれてグーグー寝ちまったので、ワタシは仕方なく最後までこの場面での撮影が終わるまではジッと待っていた。その後何が起こるかも知らずに。

それでー、実家でのシーン撮影が終わってすべて撤収してー、やれやれこれでやっと自分も自宅へ帰ることができると思っていたら、自宅からASD息子と膠原病娘から猛攻撃のメールと電話が連続して来やがった！「なんでこんなに遅いんだー！」と喚く息子、少し具合が悪い娘からは「あたし、高カロリー食はダメなのに！　パパが夕飯はお弁当買うなんて言うから！なんでママ遅いのよ！」ギャーギャーギーギーワーワー喚かれ責められ、仕方がなく実家から自宅までタクシーを飛ばして帰った。「こんなハプニングはもう無いだろう。実家が撮影に使われるなんてことはもう無いから」と思っていたが、甘かった。実にワタシは甘かった。【病気の親の介護】と【ASD障害の息子・膠原病娘のケア】の両立は非常に困難を極めている、今もなお。今日も今日とてまた息子を激怒させてしまった。

父の放射線治療が終わった直後【ワタシが実家と自分の家族との板ばさみで壊れる】と予測して、地域包括支援センターに相談して、週３日１時間ずつヘルパーさんに入ってもらって家事支援をお願いし、訪問看護師さんに週１回来ていただいているが、それでもジワジワと老父の介護の比重が重くなり、それに構っているとASD息子と膠原病娘が怒り狂うというパターンがここのところ続いている。ワタシは疲弊している。「限界だ」とつぶやく。「なんであちこちこうも怒鳴られなければならないのか？　何も悪いことしていないのに」と滅入る。あの蒸し暑かった夏の日から５ヶ月経った。

2018年
01月29日
月曜日

みんな「自分が一番大変だ」と思っている（ワタシも含めて）

前述しているが老父は【高尾の総合医療センターで下咽頭癌の放射線治療を約２ヶ月通院】という形で癌治療を開始した。場所が場所だけに「咽喉の痛み・咽喉の火傷・嚥下障害・味覚障害・口内炎などの口腔内の炎症・声のかすれ」が続々と出て、ヨレヨレのヘロヘロになっていった。本人はあんまり辛くて「入院したいんですが……」と咽頭外科の担当医に相談したが「血液検査は良好だしこのまま入院したら寝たきりになってしまうから、ダメです」と断られた。

本人自身も治療中「オレは甘かった、こんなに辛いとは」とつぶやいていた。

そして本人の体力・筋力・気力は絶賛下降中となってしまった。断言しよう「入院しようがしまいがもう癌治療が終わった84歳高齢者は、ほぼ寝たきりに移行中だ！」生活能力の低下が著しい。身なりに構わなくなる、清潔に鈍感になる、自分の水虫に虫刺され薬を塗る。馬鹿なのか？　なんでこんなになるまで水虫を放っておくんだよ！

……よくよく記憶をたどれば、母が認知症を発症した辺りから、いやもっと前から（今から10年以上前）家の中も外も荒れていても父自身何も感じなかった人間だからな！　だから映画の設定＝中古の誰もいない一戸建てというのにジャストフィット。しかし【自分の生活能力の低下とセルフネグレクト化】は、本人の命に悪影響を及ぼすというひっじょーーーに厄介な感じになっている。更に【今までスンナリできたことができなくなる】➡【他人の手を借りて生活しなければならない度数が上がる】➡【自分の娘に依存する度数が上がる➡でも、プライドが高い（自分は１流大学卒だからか？　謙虚の欠片もない）】。

病院の会計で待っている間、「隣家に空き巣が入ったんだと。だから実家の庭に防犯対策したいんだが。砂利を敷き詰めたりとかしたい。また庭木の手入れとか」とワタシが言ったら、「お前は昔から外見ばかり気にして！　オレ（父親）が本当に望んでいることに気を回さないんだな！」とかすれ声で罵倒された。

「今の時期なら『お歳暮は？』とか『年賀状は？』とか気遣うもんだろ！」だと。よくもまあここまで献身的に尽くしている娘にそんなこと怒鳴れるもんだな！　と頭に血が上ってしまったワタシ。そもそも重病人の振りして、年賀状やお歳暮だなんてそれこそ見栄っ張りなのはどっちなんだよ？　と……今も頭にきている。

結局年賀状はワタシが全部データベース化して、家のプリンターで90枚近く「寒中見舞い」として処理したがな！「一言コメントは自分で書く」なんて最初言っときながら「手が動かない、できない」と訴えてきたので、文面を追加印刷してあげた。咽喉の癌は無くなったはずなのに血液検査は「良好です」なのに、

1．筋力が低下して、よく歩けない
2．家の中で転倒する
3．玄関先で下に落っこちた新聞を拾おうとしたら、座り込んでしまい起き上がれなくなる
4．手の指先が上手く動かない
5．字が書きづらい。ニギニギボールを探して買ってあげても使おうとしない
6．足先がすぼまっているズボンがはけない
7．ヒートテックみたいなペラペラな下着が着られなくなる
8．下着を汚すことが多くなる

6～8のせいで、洋服と下着買い足したぜ。

9．水虫がまだ完治しない（靴下を毎日交換しないせい）
10．「気力が出ない」と常にぼやく
11．身なりに気を遣わなくなる

さあどうする？　先週金曜日に父の心臓の主治医と看護師さんに「今家の中ではこういう状態なんですが、どうしたらいいのでしょうか？」と相談したら「頭を診てもらった方がいいと思う。または介護の度数を上げてみるとか」と言われた。看護師さんに「お父さん頑固だから」と言われた時は思わず「え？」と聞き返してしまった。

癌になり頑固に磨きがかかる水虫は治らず

去年はASD息子の転就活、今年は娘の国家試験と就活

一昨年の夏から去年の夏まで、保育園の事務の他に有料老人ホームのフロント業務のダブルワークをしていた。医療系大学に通う娘の学費を捻出するためである。一生懸命働いていたら扶養控除限界額の枠を出そうになってしまい、と同時期に老父がまた病気（ここ毎年病気になっている人だが）となってしまったので有料老人ホームの方は辞めてしまった。

実はASD息子も特別支援学校高等部卒業➡障害者就労移行支援事業所でパソコンを勉強➡とある介護福祉施設のデイケアの雑務に一昨年就職となっていた……が「電話応対が上手くできない」のが理由なのか？　デイケアと同じ系列の特別養護老人ホームのフロント事務へ異動したと思ったら、いつの間にか特養の雑務に回された。デイケアは約半年、特養も約半年で息子はその職場を去った。ワタシでさえ

■有料老人ホームのフロント業務ってこんなにやることが細かいの？

■こんなに高齢者の言動一つひとつまで気を配らなければならないの？

■こんな仕事（地域との交流だと！＝近所の小学生の世話

だった）までしなきゃならないのかい！
と頭を抱えてしまった。
だから息子の特養での雑務に急に異動と聞いた時、嫌な予感がした。特養ってただの有料老人ホームより更に介護が必要な高齢者ばかりでしょうが？「息子には無理だ！」と予測していたら案の定と言うべきかすぐ限界が来た。デイケアの時には手配してくれたジョブコーチも「同じ系列だから平気でしょ」てな感じで支援無しだった。その件について自治体の就労支援センターの職員に文句を言ったら「あなたのお子さんと同じような職場（介護福祉施設）にいても、ちゃんとやっている人もいます」つまり「母親が甘やかしているからじゃねーか！　急に異動させられたっていうのも、お子さんが電話応対できないなんて甘えたこと言っているからじゃないか！」てな感じ（あくまでか・ん・じ・ね。ワタシがそう感じたの）。
傷ついたが、Ｔ市には結構過去にもキツイことをやられていたから「ああ、またか」てな感じだった。【母親のお前が悪い】と言われ続けているからその件に関しては認識していますからワタシ。結果去年の２月で特養を退職した後、それから５月まであちこちの「障害者枠の求人」を２人で渡り歩いた。履歴書を送れば「不採用」、面接受ければ「不採用」と言われ続けたが、唯一ハローワークの専門職員さんの優しさが支えだった。そうして、どうにか近隣の【就労Ａ型事業所のスポーツカフェ】の接客の仕事に採用された。最初慣れなくて本人から色々不満を言っていたが【就労Ａ型】という場所ゆえ、以前の職場みたいに「障害の特性を理解しません！」ということはない。

まあ普通に考えれば、介護度数が高い高齢者の世話の方が障害者の就労定着支援よりなにより大事でしょうよ。ストレスフルでハードな現場だと思うのだよ。ワタシなんか現在高齢者１人の世話（老父）でさえ、苦悩している。そうしたら、今年は膠原病娘の作業療法士の国家試験と就活ときたもんだ。娘は去年の現場実習後に体調を悪化させ難病度が上がってしまった。当然その間の就活などできるわけなく、ただ今就活２連敗中である。そうこうしている内に２月25日に国家試験があるのでそちらを優先することにした。でも多分世の中、難病持ちより健常な人を雇用したがるだろうな〜。就労できなかったらどうしよう？　今までの教育費が全部無駄じゃねーか！

老父の親戚付き合いまで、ワタシの担当かよ？
やっとれんわ！

娘が幕張メッセで「ももクロ〜！　杏果〜！」とペンライトを振っている間、父と息子はさいたま市の鉄道博物館に遊びに行って、その間母たるワタシは老父の大便のついた下着を洗っていた。気持ち荒むわ。頭に来たから家族間のLINEで「ウンコのスタンプ」を大量に送ってやった。今日の夕飯時に都内に住む89歳のおしゃべりな親戚から電話があった。「今日、お父さん（老父）が元気そうだとわかって良かったわ〜」つまり『老父の寒中見舞い』がその方の手元に届いたからそういう反応をしたのだが、「その寒中見舞いはデザインから文面、住所入力まで全てワタシが１人で作成したんですよ！　あの父がパソコンなんか使えるかい！　たとえ指が動いて使えても『ハガキ出す気力無くなっちゃった』と全部ワタシに丸投げして押し付けたんだから！（#゜Д゜）」とムカッと来た。やっぱり気持ち荒むわ。

他の親戚からは「老父の所にある母方祖父母の御位牌をこちらへ送ってほしい」と連絡が入るし。亡き母の弟は今認知症で入院中……なんだそうだ。「だから、もうそういう状態だからすっきりさせようと」だと。なんでそういう複雑な事情の込み入った話をワタシに振るんだよ！（#゜Д゜）　ますます気持ち荒むわ。明日また高尾の総合医療センターで老父の２回目の『PET検査』の付き添いだ。

ワタシは先週金・土曜日と頭痛と微熱が出たから「インフルエンザＢ型になったか、ならばお役目御免だわ！」と一瞬喜んだが、回復してしまった。ちぇ。

2018年
01月31日
水曜日

実父のPET検査の付き添いをしたら、風邪をぶり返した

「やっぱり、自分の風邪は回復してなかったじゃないかー！」と下痢と腹痛（お腹にくる風邪）で今日一日寝たり起きたりをしてしまった。まあ今回の『PET検査』は

■読みたい本を持参

■１人別室でずーっと何もわからず待っているということは

なかった。何もわからないで待機する状態は、結構不安感が募る

■家から遠い病院に行かずに高尾の総合医療センターだったからまだましではあったが、自宅に帰ってきた途端ASD息子の京王線に関する疑問点のマシンガントークを浴びてしまい（いや、メール攻撃から始まっていたか）一挙に疲労感が5倍増してしまった。「京王線の『冬そば号』のイベントが去年よりショボくなったのは何故？」なんて、ワタシは京王電鉄の関係者ではなーい！

さてPET検査である。前回はすぐ別室に本人のみ呼ばれてしまったのでわからなかったのだが、「こういうことなのか〜」とフンフンと勉強になった。

■付き添い人が女性だと皆「奥さん」と呼んでしまうらしい。コメカミに（#゜Д゜）マークが出てしまった

■体内に放射線と糖を含んだ水を血管に流す➡1時間くらいそのまんま安静➡30分から1時間検査➡30分くらいまた安静➡会計へどうぞ、来週結果がわかります

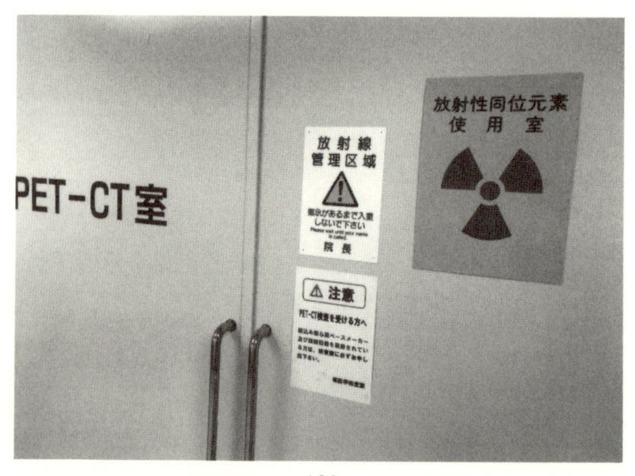

前回検査を受けた所では「人ごみは避けてください」とは言われなかった。検査を受けた人から放射線が出ているからだって。「そうなの〜？　前回思いっきり人ごみに出て父親に珈琲店のホットケーキを食べさせたら『あまり美味しくないな』と言われたが」今更どうでもいいが。来週の火曜日に検査結果がわかり癌が転移しているかどうかも判明する。

2018年
05月23日
水曜日

ＯＵＴの２月、３月、４月……
かくも長き沈黙状態だった訳

前回のブログからもうすぐ４ヶ月過ぎようとしているとはな……。かなりハードな状況で「もうＯＵＴ！」とお手上げ状態になり、自分のうつのクスリの分量も増えた。「いつまでこんなメンタルギリギリな状態が続くのか？　ワタシもうもたない……」と悶々としていたら、先週の水曜日でどうにか風向きが変わった。ホッとした。

話を２月初めに戻してみよう。１月末に実父が下喉頭癌の『PET検査』を受けた旨を記したのだが、次の週の検査結果で「もう癌は放射線治療で全部無くなりましたよ」という言葉をもらえると、実父もワタシもそう信じ込んでいた。だが、そうではなかった。結果は「癌がまだ残っています。放射線治療はもうできません。手術もできません。これからは緩和ケア治療をお薦めします」というＯＵＴな結果だった。「ここの病院では緩和ケア治療はやっていませんので転院してください」と宣告された。あの老体に鞭打って放射線治療を我慢して受け続けた結果が……これかよー！　てなもんだ。と同時に、オットの父母が「治癒できない癌でどうなったか」の記憶がよみがえった。「もうワタシ１人で実父の面倒をみるのは無理だ、ムリ！」と悟った日の次の夜明け前、実父から「トイレからベッドに戻ろうとしたら転倒して動けない。今すぐ来てくれ」なんて電話があったりして、行ったよ勿論、オットも一緒に。

実父、体力・筋力・気力が大幅急降下になり「もう死んだ方がましだ」「でも孤独死は嫌だ」等々言いまくるが、憐れんだワタシは……なわけなくて、逆にブチッとキレマシタ。

２月末に膠原病娘の作業療法士国家試験が迫っているというのに、それだけでも大変なのではないか？　国家試験だぞ！
１発勝負で合格しないと今までのつぎ込んだお金と労力等が無駄になるんだぞ！

「では『Ｈ市のショートステイ』に入ってください。もうワタシ１人であなたの世話はできません」と他者の助けを借りることとした。いや、既に充分他者の助け（訪問看護とかヘルパーさん派遣とか）は入れていたのだが、ご本人は24時間ずっと自分の世話をしてほしいと言うのだった。

特急でショートステイの手続きをして～、でもショートステイもMAX ２～３週間しかいられないし、それでまた元の一人暮らしをさせるわけにもいかないというので、これまた超特急で「有料老人ホーム」を探し出して３月９日に実父は『Ｈ市の介護付き有料老人ホーム』に入居した。

ワタシと実父が別室で入居の契約をしている間に、引っ越しの手伝いにおまけで付いてきた息子が何回もワタシのスマホに電話をかけてくるのにはホトホト参った。何故息子はおまけで付いてきたのか？　その日は彼が今通っている就労Ａ型事業所行かせれば良かったではないかと思うよな？　実は前日の３月８日にパラリンピック関係でNHKの取材がその職場に急遽来てしまい、ASD息子は取材対象でもない全く無関係なのに障害特性の『想定外の事に過敏反応』が出て、次の日職場を休ませたのが原因だった。

今こうやってシンプルに文字化しているが、２月と３月はドタバタしまくりだった。娘は作業療法士の国家試験はどうにか合格し大学も無事卒業したが、ワタシは当日事務のパート仕事が立て込んで（実父の世話で仕事をかなり休んでいた影響）卒業式に参加なんぞできなかったぞい！

いや本音は卒業を祝う気分ではなかったのだった。娘、国家試験前後から就活をしていたのだが４月までどこも雇ってくれなかったのだ！　と、これまたＯＵＴな状況だった。先週の水曜日までは。娘やっと採用通知が来た。ホッとした。

2018年
06月22日
金曜日

今、ワタシは非常に機嫌が悪い

６月９日の土曜日に、『寝ても覚めても』の映画撮影で使われた実家の土地を売却する！　という方向で、とある不動産会社に査定をしてもらった。当然現在のこの家の持ち主（老父）も久しぶりの我が家に戻って同席した。その後以前よく通っていたお寿司屋さんで老父は好物の穴子寿司をペロリと食した。タクシーで介護付き有料老人ホームまで見送った後ワタシは再度実家に戻った。不動産会社の方に家の中を見てもらって「物が多いですね～」と何回も言われたのを気にして「どこから手をつけようか」と１人で考えていた。

数時間後大荷物を持って帰宅途中に、介護付き有料老人ホームから緊急の電話がかかってきて「出血したので、提携病院と話し合って予め通院していた癌緩和ケア治療の病院へお運びしました。入院するでしょうからすぐ来てください」ときたもんだ。「ぎょえー！」とあせるワタシ。「とにかく今ワタシ荷物が多すぎるので、一旦自分の家に帰って荷物置いてからそちらへ向かいます」という感じで、老父の癌緩和ケア治療の病院へ入院の幕は上がった。そして、今日第１幕は終わった。

つまり【出血は薬で止まって容態が安定したので退院した】という顛末だった。退院準備の時に緩和ケアの主治医と２人だけで廊下で少し話をしたが「今後もこういうパターンはあると思ってください」つまり、吐血入院退院の繰り返しをする？　せめて映画『寝ても覚めても』の公開日まで延命してもらいたいと思うが、そればっかりは神のみぞ知る。まあ一時は「６月末までもつか？」と相当不安だったがホントいつまでもつのか。来月か？　秋か？　冬か？　退院の手続き中に入院費がワタシにとっては高額だったので、また１人で内心あせった。

老父を介護付き有料老人ホームに送り届けた後、休みがちの仕事場に出勤した。そうしたらワタシが管理している【年次有給休暇のチェック表】についてとある職員から「あなたは間違いが多いからちゃんと管理できているか毎月こちらに見せなきゃダメです！」と電話でくどくど言われた。「間違いが多い」って〜？　何なんだ‼　とコメカミに（#゜Д゜）マークが出た。その人はワタシが今の職場に入る前から『産休・育休』を立て続けに取っていた人でつまり少子化社会に歯止めをかけるべく奮闘しているとも言えるか。現場を長い間休んでばかりの方だが在籍している限りは【年次有給休暇日数は蓄積され日数が増加する】らしい。労働基準法にそう記されている。「こんなに年次有給休暇日数をウン十日も消化しきれないほど持っているのに！　なんでクドクド文句言うんだ？　ワタシより有給休暇は恵まれているのに！」ホント腹が立つ。

2018年
06月24日
日曜日

今、ワタシは非常に機嫌が悪いが
怒る気力もない

昨日また実家に行って不動産査定を他社にしてもらった。そうしたら「この家を潰さなくてもいい方向でいけると思います」と同時に「田舎の親の住居の片付けをたった１人っきりで全部引き受けてやるパターンですね」とも言われた。

今更ながら「そういうことか！」と気が付き自分のお人よし加減に内心ガクッと来た。当初緊急入院時に老父が６月末までもつかわからなかったので「ともかく、うら若い孫娘達には見られたくない！」の一心で、老父のエロDVDを箱に入れてエロ本も含めて詰め込んだら５箱になった。エロビデオもあったがこちらはもう売り物にならないので、T市の燃えるゴミにしようと持って帰って処分した。ハアハアと息を切らして整理しまくって買い取り業者に引き取ってもらって査定してもらったら、「333円！」あんなに送ったのに新品の昭和文芸社のDVDも多数あったのに！　1,000円にも満たない！

父の日に父のエロDVDを箱詰めし熟女人妻汗で濡れる

「たったの333円のために、ワタシは何をしていたんだー！」と床の上をのたうち回りたくなった、しなかったけど。その夜オットに「やはり買い取り業者に直接持ち込みした方がもっと高価で売れただろうか？」と真面目に質問したら「わからん」と返された。

当の本人（エロ老父）は退院して介護付き有料老人ホームに戻ったが、鼻にずっと酸素吸入器を突っ込んでいるのが不服らしく、金曜日の提携病院の医師に「なんでこんなもの必要なんだ？」と聞いていた。医師は「もし本人が『息苦しい』と訴えても血中酸素濃度が正常範囲ならこれは必要ないんですよ。でも今のあなたには必要なんですよ」と言われた。つまり「あなたの血中酸素濃度が低いのが数値ではっきりしているから着ける必要があるんですよ！」とのことだが、それくらい理解できるだろうよなー。……過去、オットの父母の闘病で「余命宣告」について多々考えることがあったが「この老父には『もうそれほど時間はない』と言わないでおこう」と内心思った。どうせ怒鳴るもん。

2018年
09月06日
木曜日

9月になった、前のブログから2ヶ月たった

　この2ヶ月の間の自分の行動力に「よくまあこの酷暑の中あちこち動き回ったもんだ、自分で自分をほめてやりたい」と思う。しかしながら、昨日今日と疲れ果てて夕方寝込んでしまったが。癌を抱えてしまって治療不可の老父が、6月に咽喉からの出血で緊急入院をして大枚をはたき、よって潤沢だったはずの年金がすごく減ってしまった。退院時に手持ちのお金が不足し、応急処置で「残金は本人の口座の分割払い」にしたが、今月になってあちこちから請求が来てすごくあせる。入院中に遺言書の作成をして行政書士さんへの礼金等々があったが、それはワタシがお金を出した。その後追い打ちをかけるように『介護保険料／医療保険料』が3割負担だから父本人のお金は目減りする一方である。市から「高額介護保険料補助制度」が相当遅れてこちらの手元に来たので急いで返送したが、はっきり言って遅い！
「実家の家の中の物が多すぎる」と不動産会社の方に言われたので着手したが、2階のみの家具の処分回収見積もりを出したら、【11万円／これでも相当良心的⇒つまり身辺整理を怠るとこういうことになる】と言われ、キャンセルする。
　実家を担保にリバースモーゲージ（自宅を担保にした融資制度の一種）をしているが、この金利が毎月約3万円とは……迂闊だった！　本人は「どんどん使っていい」なんてほざいてい

たが「借金なんですからなるべく使わずにいるように」と行政書士さんにアドバイスされる。ジワジワとじり貧状態になりつつあるにもかかわらず、7月に老父から「知り合いに桃を送ってくれ」と命令される。「今更もうそんなことしなくていいよ」と説得したが頑として聞く耳持たずで、仕方なく発送したら請求金額が3万5千円也。ワタシが桃代を払った。老父の見栄っ張りのためだけにこんなにお金を使いやがって！　送られた方だって後日ワタシが直接会った時に『あんなことしなくて良かったのに』と恐縮していた。そもそも桃を送ったからって、誰1人老父に会いに来ないじゃないか！
「9月17日に実兄家族と寿司を食べに行くから（リバースモーゲージからの）お金持ってきて」と言われた時は、裏で手を回してワタシの実兄に「お寿司会食代は『敬老の日のお祝い』として兄側が支払うように」と画策した。【ご利用は計画的に】とは名言だな。とは言っても「いつまた緊急入院とか想定外なこと」があるかわからないのが人生の黄昏時。

あの『寝ても覚めても』の映画の撮影で使われた東京都H市の自宅はS友不動産のホームページ上にも載るようになったが、未だ問い合わせゼロ件である。「やはり、更地にして何もかも無くさざるを得ないのか」と思うと、なんか途轍もなくすごく悔しくなってきた。だがそもそも『更地にする』とサラッと書いてもまずお金がかかる……。お金がすんごくかかるー。せめて2階だけでも物をスッキリさせようとセッセと自分一人で業者にも頼まず片付けた。古本は8箱、骨とう品は無料査定してもらってもほとんど引き取られず、2階の桐の箪笥は「ペット飼っていたでしょ。これでは修理できない。買取不可で」と言われた。

２階からおなご１人の手でこれらを『粗大ごみ』に出した。粗大ごみ代の方が『不用品回収業者への支払金』より格段に安いからだ。

エコリサイクルセンターにまだ２階にあった生き残れそうな本棚、収納棚を無料査定してもらったら、「２階から運び出す時に、何か支障があったら困るので」と言われてお断りされた。

年代物のMac（老父がほとんど使いこなせずにほったらかしにしていた物）は、買取はおろか無料回収さえも断られた。ブラウン管テレビ２台（15インチと17インチ）を玄関外まで出して有料回収してもらう段取りをつけたが、それらは粗大ごみ扱い禁止／専門業者に頼まなければならないので料金見積もりを４社くらいに依頼した。その有料回収代が「うへえ高い！」ものだったが、それよりなによりペットに傷だらけにされた桐

の箪笥は分割して１人で２階から玄関先まで出せたワタシでも、17インチテレビはう・う・動かせなかった。オットに泣きついて運んでもらった。

ASD息子と、膠原病娘について

成人した子供２人が定型発達の健常児だったら『おじいちゃん家のお片付け』の手伝いも期待できるだろうが、我が子２人は見出しの状態だし一応平日は働いているし、息子は休日は鉄道イベントで忙しいし、娘は『自己免疫疾患』で疲れやすい。

本人達の体力に期待できなかったが、メンタル面でもこの２人まーだ手がかかる。息子のNHKテレビへのこだわりがあまりにも酷くて、ワタシのうつ病の主治医（心療内科）に相談したら「今までずっと通っている小児精神科の薬がもう大人になっているから効かなくなっているのでは？」と言われた。というわけでワタシの心療内科の所へ息子も通院するという段取りをつけた。今までの薬を主治医に見せたところ「あ〜、これでは効いてなかったよ」と言われた。「身体が大きくなっているからね、薬変えましょう」とのことで、病院を変えたのと同時に他の所でカウンセリングも受けることにした。カウンセリング代もまあ……だが、父の『見栄っ張りの桃』３万５千円の４分の１くらいだからこちらの方が価値はある！

娘の方もなあ、無事就職して親から独立して１人暮らしを満喫！　となっているはずなのに実はビビりだった。普通、親の監視の目がなくなってうれしくてたまらないものではないのか？

■「風が強い。家がガタガタいう」とか
■「今住んでいる所（亀有近辺）冠水しないか？」
■「朝の通勤時に不審者が近くにいた」
■「玄関のインターフォンのカメラに不審な女性が映っている」

と、何かというと相談してくる。

週末にこちらの家に帰ってくるとぐったりと寝てるか録りだめしたビデオをボーッと観ている。職場で彼氏ができたらしいが（最初彼から声を掛けてきたらしいが）すぐ別れたらしい。娘荒れた。

まあ今期の朝ドラの男性が妻と話し合って和解した（土曜日）と思っていたら、次の週の月曜日にいきなり２年後設定で結局離婚してやがんの！　だったからな。何か話がずれてきた。ずれたついでにASD息子がさあー、朝ドラ受けのためだけにワタシに絶対観るように！　と強制する。本人はその時間『おかあさんといっしょ』を観ているからなのだが『あさイチ』の「朝ドラ受け」についてのチェックを今も変わらずこだわり続けている。薬を変えてカウンセリングも受け始めたおかげで２ヶ月前よりはマシになりつつあるが。

※今期の朝ドラ『半分、青い。』

2018年
09月30日
日曜日

なんだかもう……

ワタシの場合【この日にワタシの楽しいイベントがあるから！　さあそれまで頑張ろう！】の前後に必ず何かしら凶事（ハプニング）が起こるという魔の法則がここのところずーっと毎年続いていたのだが、またその魔の法則が発動したのだった。

1．介護付き有料老人ホームに入居したから孤独死は避けられたはずだし、個人的にホーム内にあるパーソナルジムで機能訓練も受けていたはずだし
2．６月に吐血したけど回復したはずだったのに
3．介護士・看護師・訪問提携医療は受けていたし
4．癌の病変も変化は見られないと９月５日に診断したのに、９月11日の朝にホームから電話が入り「朝食後、エレベーターに乗る前に転倒して、顔と頭を打った」という内容だった！

「なんじゃそりゃーーーーー！」頭の中で、ドラマ「太陽にほえろ！」の松田優作が叫んだ。

ホーム側「その前の晩に自室のトイレに行く際に転倒して座り込んでいたんですが。提携医と連絡を取りまして至急緩和ケア治療の病院にお連れすることに」

ワタシ「今日は仕事休めません。明日そちらへ行きますので付き添いお願いします」

という感じで、また「凶事のジェットコースター高速回転」の座席に放り込まれシートベルトを着けられてしまった……。

次の日に本人を見舞ったら「うわっ怪談だ」みたいに、左目が腫れ上がっていた。「頭はCTスキャンとか撮りまして脳内出血は今はないです。後々出てくるかもしれませんが」とホーム側の説明を聞いた。

「申しわけございません」と謝罪したので「転倒事故前日に自室で転んだんですよね？　予兆はありましたよね？　危険だと思わなかったんですか？　初日の転倒時の医療費は半分出してほしいです。誠意を見せてください」と訴えたら、その通りにしてくれた。

もうそれからは老化しまくり状態になってしまった。昨日の土曜日に『服薬用ゼリー／服薬時に飲み込みが悪くて難儀している』を持って見舞いに行ったら、ワーファリン（血液サラサラにする薬）の影響か？　顔が怪談・ゾンビ状態に顔全体にまだらになっている。もうすぐ事故から３週間経つというのにゾンビ状の顔がな・お・ら・な・い。転倒事故前に実父の昔々の会社の同僚が数名「見舞いに行きたい」とワタシに連絡してきたが「この顔を見たら皆ショックを受けるだろう」と考えお断りした。実父の放射線治療後の写真をブログにアップしたワタシでさえ、これは耐え難いの容貌になってしまった。老化は体だけではなく頭にもきてしまったらしい。話がか・み・あ・わ・な・い。とうとう自分の世界にこもってしまった……。

そしてワタシは昨日も実家の不要物を２階から１階へ汗だくになって運んで、値段もつかない骨とう品を燃えないゴミに詰め込んだ。使えないCD-ROMを『プラゴミ』『燃えるゴミ』に分別して、大量の衣服を資源袋に突っ込んだ。２週間前に埃だらけのステレオを買取してもらった。その時に「コンセントがこのままだと火事になりますよ」と警告されたので、リビングのテレビ台の裏（ウン十年掃除せず）を必死に磨いた。

１週間前にワタシとASD息子の心療内科の薬が無くなってしまったので、急遽病院に行って２時間以上待って薬をゲットした。

それにしてもなあー、厚生年金と企業年金基金両方合わせて月35万円あればどうにかやっていけるだろうと思っていたのだが、もらえる年金が高額だと医療費と介護費が３割負担で更に最近介護費が値上げの最中、転倒事故の影響で医療費が追加で絶賛高騰中！　緩和ケアの癌の診察代だってあるのに。「なんでこんなに金がかかるんじゃー！　うおおおおおーー！」と頭の中で吉田栄作が叫ぶ。

そもそもこんなに年金もらっているなら『実家をリバースモーゲージ』する必要なかったのでは？　と考え、実父の３年日記をチェックしてみた。リバースモーゲージの金利って月２万９千８百円もするんだよ！　もったいねえー！

「あの世にお金を持っていくことはできないから、思う存分使おう」なんて文面を見た時は怒りを覚えた。実母が糖尿病からアルツハイマー型認知症、いやそれ以前から何かしら病気をしまくっていて【医療費や介護費ってお金がかかる】ってことくらいわかっていただろうーが！「自分だけはそんなことにはならない」なんて思い上がりも腹立たしい。癌保険の一部が入金されても、次の日に『ショートステイの利用時の費用』をグワッと請求されてスッカスカよ。

2020年
01月21日
火曜日

浅川の片隅で呪いの言葉を叫びたい前編（かなり前のベストセラー本のパクリ）

前のブログから、かなり相当の間があいて……。**その期間はもうある意味【これでもか、これでもかの生き地獄】を味わっていた。2018年10月11日に老父が亡くなって、その後の処理（本人が実家を担保に借金していたので土地を売却実家取り壊し）等の様々な手続きをワタシ１人でやった。跡取り息子の実兄は「仕事が忙しい」「疲れて土日は寝込んでいる」と全部煩雑な作業をワタシに丸投げした。**

父は毎月35万円も年金をもらっていたのにもかかわらず、ここ４、５年で貯金をほとんど使い切り手元に現金が全然無くなっていた。最期の方は私が自腹を切ってお金を捻出していたくらいだった。実家を使って撮影された映画『寝ても覚めても』のラストシーンに登場する家は、完全に無くなった。無い、跡形もなく。家の中は本人が何も『終活』なんてしていなかったから、大量の本、CD、DVD、無駄遣いした道具、使いこなせなかったパソコン、ありとあらゆるものが残って。片付け業者に依頼するお金もなくて、去年の今頃は市のゴミ回収日に合わせて仕事帰りに実家に行って、ゴミの搬出。そのために購入した電動ノコギリで木製家具をぶった切って『燃えるゴミ』に姿を変えて頻繁に出していた。本が大量にあったが売りものにならなくて処分した。

浅川の片隅で呪いの言葉を叫びたい後編

【実家の土地を売却譲渡して処分した】と一言で言える言葉だが、実際やってみると色々な手続きが多くて、最後の書類の手続きは2019年（去年）の12月までかかってしまった。ついこの間じゃないか！

①まずあの土地と家を、私と実兄で相続する登記手続きをする（ここで大金がかかる）

②不動産会社に売買委託する（書類の手続きあり）実家の近隣の住民が「子供用にあの土地が欲しい」「孫一家が近くに住めるようにしたい」とすり寄ってきたが、聞こえない振りをする

③何故聞こえない振りをしたかって？　あの近隣の自治会は数年前近所で【ケアホーム／障害者のグループホームの建設予定】を自治会総出で建設反対運動をして見事勝利（異物排除）を収めたからだった。あの自治会には『障害者差別解消法』なんぞ無法に等しい

④「いい人に売れますように……」と願っていたら運良く買主が現れた。不動産会社で買主と初面会した時「どうしてあんないい土地を手放すんですか？」と質問されたが、その時の実兄の答えが酷かった。「本人が孤独死を嫌がって」

本人が亡くなった後に今更そんなこと言う必要あるか？　はっきり言って孤独死の問題と土地の売却は全然関係ないではないか！

そして実兄はあの家と土地の全ての何もかもの処分を、ワタシ１人に丸投げして見事面倒なことから逃げ切った。その時心底【ああ、ワタシは本当に１人なんだな】と痛感した。近隣住民なんぞ「何かあったら手伝いますよ」なんて言っていたがそれは【口先だけ取り敢えず言ってみせる】と後々わかる。まあどこもかしこも少子高齢化だからな。そこでその後どういう手続きをしたかというと、

(A) 買主さんから土地売買の手付金を頂いて、実父の溜め込んでいた借金（医療費未払いと最期の緩和ケア治療病院の入院費未払い）を少しずつ返した

(B) それでもお金は足りなくて、最後に入った有料老人ホームに頭金の返還を依頼した。それでどうにか「土地登記の解消手続き」に（「境界線の測定はＨ市役所職員や隣家の立ち会い」で司法書士へ）あちこちに大金

を払う。土地測量会社への支払いは80万円くらいか

(C) 実父がインターネット契約をしていたものの解約手続きをし、通販契約もやめる

(D) 海外のサプリがどっさり出てきた時は「こんな大きな飴玉みたいな薬なんぞ呑み込めるのかよ！」とゴミ箱にぶちまけた

(E) いくら自力で家具をどんどん粗大ゴミにしていても限界があったので、一番安くて信頼できる業者に頼んで（いちいち見積もりを取った）処分したのは何回かかったか……。それもこれも「片付け業者に全部頼むとお金がかかるから」で、ワタシ１人で動くしかなかった。結果、土日以外にも平日も勤め先を休んでこの家の中を身軽にしていった

それでもまだ残る本、CD、DVDをガレージセールでさばきたいと自治会に依頼したら「ダメ！」と断られた。まるで「この土地から離れる者はさっさと出ていけ」と石を投げつけられた気分だった。結局それらは買取業者に引き取ってもらって手元にはした金が残された。残りのやるべきことは以下の通り。

■各部屋のエアコンの除去、ガレージの門の撤去、庭石の撤去などを専門業者に任せて（見積もりを取って信用できる所で）処分してもらった

■土地の売買譲渡契約が４月にあり、そこで父の借金（リバースモーゲージ分／500万円超え）を一括返済した。

■不動産会社に仲介手数料（２回分割で合計84万円）を銀行で支払いをする

■その後ワタシが今まで立て替えていた分を精算してから、

公正証書遺言書通りに遺産分割した。しかしながら死亡保険２つの受取人は長兄としていたのだから、兄の分割分が少なかろうが100万円×２＝200万円を兄は何もせずに手に入れた

遺言書で『祭祀継承者は長男である兄へ』なんて記してあったが、兄は「２階にある仏壇は自分達では動かせない」と言う。オットと息子に頼み込んで１階まで下ろしてもらった。そうしたら玄関が塞がれてしまい、まだ残っている大型家具の搬出移動ができなくなった。業を煮やしたワタシは片付け業者につい依頼電話をしたら数分後「送り先を兄の住所にしたせいで」兄から「個人情報を勝手に漏洩しやがって！　お前がどんなに罪深いことをしたかわかっているのか（#゜Д゜）」とLINEで怒られまくった。

「2018年の年内にはどうにかするって言っていたじゃないか！　おかげでこちらは大型家具を処分できないんだよ！　引き渡しまであと２ヶ月しかない！　早くどうにかしてよ！」とワタシが反論したら、【個人情報漏洩がどれほど罪深いか】とただただ責めまくる。【粗大ゴミの連絡／大型家具の処分の連絡／司法書士・行政書士への連絡】と全てのアポイントメントをワタシに押し付けていたから、おかげでワタシの個人情報は常にダダ洩れ状態なのにだ。そもそも、私が売買譲渡を依頼した不動産会社を無視してインターネットであちこち査定してもらったのは他ならぬ実兄ではないか？「他の不動産会社では３千万円はいけると言っていた」と依頼済みの不動産会社の社員に話していたのは誰なんだ？　売却依頼の契約を破ると違約金が発生するのがわかってやっていたのか？　インターネットで

査定なんかしたおかげでその後他の不動産会社から何通も案内がワタシの住所に来たのは何なんだ？　不動産情報と仏壇の移動とどっちの情報漏洩が重いんだよ？　そしてこの話には強烈なオチがついた。

2019年のいつだったか売買譲渡を依頼した不動産会社からアンケートが我が家に来て、宛て先の住所はワタシの家だったが、長兄の名前様だった。「ひどいじゃないかー！　全部ほとんどワタシがやったのに！（#゜Д゜）」と怒り狂っていたら、オットが「まあ普通は親の家の処分は長男がやるもんだって思うだろうよ」と言われた。

2020年
01月22日
水曜日

2019年ワタシは暦の上でも八方塞がりの年だった

さて、見出しの話である。父が亡くなったことで【オットの父母、自分の父母】の介護と看取りをしたのだが「肩の荷が下りた」とはならなかった。息子の仕事の件でかなり揉めてしまっていた。

1．2012年４月以降、ASD息子が障害者就労移行支援事業所でパソコンを習う（文京区まで通っていた／約２年半）

2．2015年高齢者デイケア施設の雑務に入職したが半年後に系列の特養の事務、更に２ヶ月後に特養のフロア担当と「何勝手に異動させているんだよ！」となり、ご本人は介護の仕事ができなくて周りの職員から非難を受けまくり、

よって1年で退職した。その後ハローワークに行って母子2人で職探しをした

3．2017年4月に、近隣の駅に就労A型事業所のスポーツカフェが新設され、ハローワークに求人募集が出ていたので応募したら採用された

4．しかしそのカフェ経営者が2019年5月から別の人に代わり、カフェリニューアルオープン後は、息子は担当部署が変わりいつの間にか障害者の従業員は息子だけの1人ぼっちになってしまった。息子は職場の環境変化についていけず、家の中で不満を頻繁に爆発させる。かかりつけ医の心療内科に相談して6月に休職届を出して9月末に退職した、一応2年は勤めたが。

……退職後息子が荒れてもう手が付けられなくてさ〜、ちょうど同時期に【元事務次官が引きこもり息子を殺す】なんて事件があって、その前に登戸の殺傷事件があったかワタシは相当追い詰められていた。「もういいじゃないか、ワタシは限界だ」となった。いいじゃない、東大出のエリートが引きこもり息子を殺したんだから。世論では「父親よくやった」とか「元事務次官は本当の武士(モノノフ)です」とか減刑署名まであったと思うが。

で〜、ちょうど同時期に膠原病の娘が精神病院で作業療法士として仕事をしていたが、身体の調子が悪くなって休職してT市の家に帰ってきてしまった。家で休職中の娘が、息子とワタシ（母）の異常さに危険を感じて自治体の障害福祉課関連の所へアクセスして、やっと行政の手が入った。やはり母親本人が相談するより、家族の1人が話した方が効果あったな。母親だと大体「我慢しなさい」と言われるのが関の山だ。

さて膠原病の娘、日常生活上色々な制限があるのだが、それの一つに「紫外線を浴びないように」というのがある。ちょっと外に出ただけで首の後ろに赤い湿疹が出るのだ。そして外出後は寝込んでいる。

ASD息子の情緒不安定と娘の看病で、私は疲弊しまくった。それでも仕事先の保育園の事務には通っていたのだが職場でヘラヘラ笑っているのが苦痛になってきてしまった。「自分は不幸だ」と主張するつもりはないが、職場で「夏休みはハワイだ」「沖縄だ」「バリ島だ」なんてキャピキャピ言っている人達に囲まれて会話するのはとてつもなく辛かった。みんな夏は紫外線強い所に旅行に行くよね〜。楽しいよね〜。

悶々としながら時は過ぎ、2019年10月に【保育園保育料無償化】となり、事務の仕事がより煩雑になり仕事量が更にさらに増加したけど、私の時給は相変わらず1030円だった。隣の席の英語の講師なんて1700円なのに。その人は私のノートパソコンの上によく英語の教材などを置いていた。「これが時給の差の現実か」と思ってしまったらもう耐えられなくなり、6年は勤めたが10月末で退職した。最後は風邪で咳き込みながら必死に次の人に引き継ぎをしたが……後述するがオチがある。

息子は自分の預金通帳を眺めて、このままだと金がかかる鉄道イベントに行くのが困難になるとわかったらしく、ハローワーク経由で別の就労A型事業所を体験後、2020年1月に取り敢えず通所を決定した。

……一件落着となったのだろうか？　しかしワタシの傷ついたメンタルはそう簡単に回復はしない。

さて勤めていた保育園事務のオチなのだが、私の後釜の人は

「本社の仕事が多忙だから」とその後一度も来てないらしい。まあUSBメモリさえあればどこでも仕事できるし、事実保育園の事務机は本社よりもすごーく狭いからねえ。

ある日手土産持って保育園に立ち寄ったら、ワタシのノートパソコンの上は鉄板を置いて保護しているものの、見事に隣の英語講師の物置化されていた。

下の写真は、実家の父が登記無しで勝手に立てた物置を片付けていた時、ペシャンコにしてつぶしてしまったヤモリです。可哀想なことをしてしまった。ちなみにこの物置撤去代は15万円でした。必ず2社以上の見積もりを取ることは大事だよな、他の所は1部分撤去だけで20万円と言われましたよ。

2020年
01月23日
木曜日

ワタシが黙っていない！浅川の片隅でこの大馬鹿野郎と怒鳴りたい

今（2020年１月23日）、ワタシは非常に怒りまくっている。まさかあの時のあの破壊した家で演技をした２俳優が、その後３年不倫していたとはな！（#゜Д゜）

前述したがあの映画の撮影時はちょうど父の下咽頭癌が見つかって、父の看病を１階でワタシ１人だけでしていたんだよ！その間におふた方は２階でラブシーンかよ！　で、本気になっちまったのかよ！

癌になった家主がいるリビングの上で、ラブシーンを撮影……。また川沿いを彼女が彼を追っかけている内に、テンションが上がってしまってパッション炸裂したのか？　撮影が次の日にも延びて撮影担当者が「すみません、もう１回撮影協力してください」とむき出しの万札（５万円）を渡してきた時、父は「助かった～」と言っていたがそれはもう身銭が無い証拠だった。

クランクアップした時、タダでサインをもらうのも悪いなと思って手土産をワタシは用意した。男性俳優には『高幡不動の土方歳三の銘菓・５個入り』を選んだのは彼の妻が歴女で土方歳三ファンだからお腹の子の分も含めてだったが！　ちゃんと渡したのか？　ワタシのひそかな心遣いを無下にしてないだろうなーーー！

2018年の秋だったかＴ市で映画フォーラムがあって、『寝ても覚めても』が主演男優賞に選ばれた時に、会場にその男性俳優が来ると聞いて見に行ったよ。その時は実家に生っていた柚子の実をいっぱい抱えて係の人に託したのだった。「柚子風呂にして、小さいお子様と一緒にお風呂に入ってね」という意味だったのだが、どうしたのそれ？　あー腹が立って仕方ない。朝のワイドショーでは、とあるコメンテーターが「彼の事務所からのコメントは、誰に向けての言葉なんだろうかということで」とし「奥さんに向けてだったら個人で言えばいい、我々が言われたとしても関係ありませんからというのが私の見方だし」とほざいていたがなー！　あの映画の撮影が遅くまでかかったせいで、とんだトバッチリを受けたのはこのワタシだ！父の看病もあって撮影後の家の片付けの最終チェックまでワタシ１人でしなければならなかったんだよ！　おかげで帰宅時間がえらく遅くなって、ASD息子と膠原病娘のヒステリーをもろぶつけられたんだよ！　あの映画のせいで！　で不倫の２人は国際映画祭に行くことができて更に不倫愛に溺れたのか？奥さんが３人の子育てをしている間に、よくもまあその間若い女性俳優と浮気しやがって。当時父も含めた記念写真も家の前で撮ったがな（映画のパンフレットの後ろに微かに写っている）。それが「唯一のあの家のいい思い出」になるはずだったのに、今朝リビングに飾っていたサインと一緒に物置の奥にしまい込んだ。全くもって腹立たしい。あの映画はもう地上波には出ないだろう、イヤ出さないでほしい。余談だが、あの映画の内容はリアリティなかったなあ（東京藝術大学出の監督には悪いが）。

■毎週末、東日本大震災のボランティアに行くって設定（東京－東北のどこか）だったが、交通費が半端ないのにそんなの不可能だ！

■最後のセリフ（２階から）「汚ねえ川だな」「でもきれい」てあったが【どっちやねん!!】と突っ込みたくなった

■ワタシがあの映画で泣いた箇所は、旧友の男性が難病になってベッドに横たわっているシーンだけだった

2020年
01月25日
土曜日

イライラが再発してしまった……

1．「やたら２俳優の３年越しの不倫をテレビで取り上げるのは、世界中でのコロナウイルス感染拡大が思ったより深刻で、それを日本政府が隠すために敢えて（不倫ニュースを拡散して情報操作している）のではないか？」と娘が言う。……そうかもね

2．「男性俳優が不倫したのは、奥さんが不倫ドラマに出たせいなの？」とASD息子が言った時はコメカミに（#ﾟДﾟ）マークが出て、その後はもうイライラが止まらない

3．娘がNHKアニメ『映像研には手を出すな！』を録画していて「主役の子の声、伊藤沙莉さんだよ」と言うのでつい「伊藤沙莉はあの映画で共演していたねえ～」と暗い声で言うワタシ。娘「やめてよ」と返す

やはり今朝の民放情報番組で２俳優が出た国際映画祭の映像を流したので、ソッコー消して録りだめしたドラマを消費する。

ワタシのスマホに『あの映画の２人と私を間に入れたスリーショット』の写真があり、その時の自分の間抜け笑顔に嫌気がさすが、おのれの馬鹿面を敢えて残している。「騙されたな」とため息が出る。その映画制作時から３年、ワタシが家族内のことに苦しめられていた間にあの映画の２人は禁断愛の甘い蜜にベチョベチョになってさぞや楽しかったんだろうな。

2020年
02月09日
日曜日

今更ながらの話……

■１月のブログで私がキーキー喚いていた原因の映画『寝ても覚めても』が、今更レンタルされまくりらしい。３年後の今、興味本位で日本中で観られているのか……。最後のシーンの家（Ｈ市の川沿いの家）は完全破壊の手続きをワタシが殆どしたので、当時の面影なんぞ何一つないが。ざまーみろとつぶやく。誰に言ってんだか。あの家は今や幻、蜃気楼も立たない

■前のブログで【2018年度　Ｔ市映画フォーラム】でわざわざお越しいただいた男性俳優、「ここは都心から遠いですね」とＴ市在住民（ワタシ）からすれば「小馬鹿にして」とムカついたが、その後当人は世田谷区にお住まいだと聞いた。「何だよ、都心って大体山手線内のことを言うんじゃないか？　Ｔ市と世田谷区なんて大して遠くないじゃないか！　ホント図に乗っていたな」あの時、観客の

どなたかが「男性俳優さんが出演した三島由紀夫作品の舞台とっても良かったです」と褒めていましたが、その方々は今、何を思っているのか……？

前のブログで「イライラが再発」と記したが、その後ワタシのメンタルは更に悪化の一途を辿ってしまった。つ・ま・り・【3年間の2俳優の不倫】と〔私の老父の癌、介護、看取り、家の処分／子供2人の問題〕と同時進行していたので、あの2人の映像とかニュースを観る度にこの3年間の忌まわしい思い出が頭から噴き出して「うわあああああー－－－‼」となってしまったのだ。

こんな感じでメンタルボロボロになったので、カウンセリングを受けたら【改訂出来事インパクト尺度（IES－R)】を受けさせられた。チェック後、カウンセラーから「……普通だったら25点くらいが妥当なんだけど、46点だねえ。これは治療が必要だね」と言われた。

というわけで、ちょっとこのブログの更新が止まってしまっていたのだった。眠くなる薬を飲んで横になりメンタルの回復をじっと待っている。まあ明日は心療内科に行くし、金曜日にカウンセリングを受ける予定ではあるが。

2020年
02月20日
木曜日

サインはね、捨てました

今日、押入れに入れ込んでいた（不倫をしていた2俳優の生サイン・父用とワタシ用）と、その他関係書類と【とあるDVD】を破いて燃えるゴミの日用の袋に入れて捨てた。
　前のブログでもつらつら恨み言を書いているが、映画の中で不動産屋さんが「近くに小学校もあるし、環境はいいですよ」「えっとブレーカー」と階下に下りた隙を見て、２人がブッチューとキスした部屋を貸したのはワタシの実家だよ！　ブレーカーの位置なんか階段を下りてすぐの所にあったわい！30秒あれば戻って来られるわい！　あの撮影時階下にいたワタシは、台所で下咽頭癌と診断を下された父用の食事を作っていた。
　途中で撮影スタッフが「あのちょっと音を控えて頂きたいのですが……」と注意してきた。今思えばミキサーでもかけてもっと演出の邪魔をしてやれば良かったと思う。映画内容にケチをつけるなら、飼い猫を勝手に野に捨てるんじゃねーよ！（ホントは違うけど）猫が川に近づくかっつーの！　猫じゃらしで呼んだって来るかっつーの！　そういう時は〇ュールだろうが！「天才！　志村どうぶつ園」でも見て勉強しろっつーの！　そう今更思い出したのだが、ワタシ個人は映画の撮影は「時間が読めない・いつ終わるかわからない」から、あの時父に「ワタシ達は別の場所にいようよ」と言ったんだった。なのに父から「映画撮影の現場をリアルに観られるなんて滅多にないから」と押し切られて、結果撮影が終了するまで１階のリビングで静かにしなければならず……。
　そして３年後、撮影協力＝ワタシの黒歴史になってしまったのだった。父は映画撮影の翌年に亡くなったからな、今の騒動なんぞ聞こえない所に行っちまったよ！　ワタシだけ１人黒歴史からうつ悪化になってしまった。

さて【とあるDVD】の説明をしてみる。父の下咽頭癌（ステージIII）は2017年9月から放射線治療をしたが結局取り切れず、2018年6月に吐血して「マジヤバイ」という状態になり、意を決して「あのラストシーンの家の持ち主がもう余命がないんです。あの時の映画の映像をくれませんか？」と某撮影支援隊に頼んだのだ。そうしたら【あの家のシーンだけの映像】を送ってくれた。「父もこの映像を観れば満足にあの世に逝けるはず」と思ったゆえの行動だったが、6月はどうにか持ちこたえた。しかしながら全国公開時の前には完全に昇天しましたがな。お葬式は親族と自治体代表者のみの家族葬にしたので、その間1時間をどう進行させるかと考えて（お坊さんを呼んでいなかったし）、式の間にその【とあるDVD＝あの家のシーンだけの映像・俳優入ってます】を列席者に観せてしまった。

まあ、2017年夏から今までの3年間は自分の環境が激変して「3年の間に物事はどんどん変わっていくもんだ」と自分は思っていたのだが、あの日・あの時・あの場所での映画撮影から3年も不倫するなんてな〜。

2021年
08月26日
木曜日

父と息子
「シティキャスト行きまーす！
（アムロ・レイ風）」だと

東京オリンピック2020の都市ボランティアに登録していた父と息子は、オリンピックは【無観客開催】となったのでお役御免となっていたのだがどういうわけか【同じ無観客開催】であるパラリンピックでは『シティキャスト』として都心までボランティアをしに行ってしまった。まあ２人ともワクチン接種して抗体はできている時期だし「せっかくユニフォーム一式東京都からもらったのに、どこかで使いたい！」という気持ちもあったのだろう。昨晩PCR検査キットも２人分郵送されたし。「もし発熱でもしたらこれを使ってね」という感じか。

いい記念になったね〜というか今日の東京は酷暑ですわ、35℃ですわ。朝、マンションの花壇と植木鉢に水撒きしただけで汗だくですわ。コンクリートに水を撒いても瞬間で乾いて

しまいましたわ。一昨日、昨日とマンションの知人の庭の手入れをしたワタシ（午前中のＭＡＸ２、３時間で済ます。でないと熱中症になる）でさえ「今日は何もしない方がいい！」とまでの熱気ムンムンですわ。しかしマンション周りのヘクソカズラ・ビンボウカズラ等のつる性雑草、猫じゃらしの群生はもう手がつけられないほど繁っていますわ。つい先月有志で草刈りしたが雑草は実に逞しい。もう元に戻っている。

話がずれました。つまり【こんなに暑い中パラアスリートに競技をさせてもし倒れてしまったらどうするのよ！　誰が責任取るのよ！】と相変わらず考えているわけで。まあ余談ですが、息子が緊急事態宣言発出で在宅ワークをしていたため太ってしまったので、ここ３、４ヶ月間筋トレと整体を受けさせておいて良かったなとは思っています。あらかじめ「運動して汗だくになる経験」を積んでいたから、多分体力的には大丈夫かと。その筋トレはマンツーマン指導で１回6600円／１時間ですけどね。

2022年
02月20日
日曜日

年金や退職金をぎょうさんもらっても、放蕩三昧したらスッカラカンになるのえ！（どこの方言だ）

定年を迎えたオットは「年金がいくらか調べないと」とか「あなた（ワタシ）の額はいくらだ」とか事細かく言い始めたせいでワタシは段々苛立ってきた、うつ病を抱えてそれだけでもシンドイのに。苛立ちの原因がわかった時（封印していた記憶が戻った）、亡き父の最後の銀行通帳を探し出して、オットに見出しのごとく詰め寄ったのだった。亡き父は【厚生年金が毎月約20万円＋企業年金基金が毎月15万円＝合計毎月35万円】だったのにもかかわらず、死ぬ数ヶ月前には普段使いの銀行通帳には50万円ちょいしかなかったのだった。当時は目の前のこと（徐々に衰弱していく父親の世話）にあくせくしていたので深く考えていなかったのだが、潤沢にあったはずの退職金やら先代の遺産やらが全然無かった。本人が亡くなる前から、諸々の費用の支払い（病院・薬・介護・楽天カード払い・その他カード払い）が滞りだして、亡くなった後も自転車操業でお金をやりくりしていた。ワタシは自腹を切って父の通帳に補填をし、緩和ケア治療病院の入院費用（1日3万円×10日分＝30万円）も一括払いできなかったほどだった。葬式代は死亡保険で実兄がどうにかしたんだろうが。

本当に最期の方は年金が入ったと同時にソッコー他者への支払いが連続してあり、銀行の通帳を見て「なんだよ？　どうしてこんなにお金が無いんだよ？」と呻いていた。本人が亡くなって、リバースモーゲージで銀行から借金をしていたので実家の土地は手放さざるを得なかった。運よく良い値で売却できたからホッとしたが、まあリバースモーゲージは、本人の肉声から【減額希望します】と言わないとそのまんまで、本人死亡後に借金を返そうとしても銀行は絶対受け付けないので高い利息はそのままどんどん溜まり続け、売却が完了した時にやっと返金できるというシステムだった。本人の日記に「癌になった。残りのお金は使い果たしてやる」と書いてあったが、そりゃあ自分はいいだろうよ、さぞ満足な一生だったろう。

土地の売買契約が決まった後、色々なモノがワンサカあった家の中を空っぽにする時には父の現金は全然なかったので、モノの処分費なんぞケチってケチってケチりまくって、それでも自分１人では動かせない家具やエアコンの除去とかもう何でもかんでも金がかかって仕方がなかった。
「なんでだよ？　どうしてこんなにお金が無かったのよ？」と、父の死去４年後に頭に指を突っ込んでグリグリ探してみたら、

■母の洋服爆買い、着物の爆買い、ジュエリー爆買い
■ソーシャルダンス、カラオケの遊興費
■あちこちのプチ旅行し放題（たまに子供家族と一緒に旅行する等）
■家の中をあちこちリフォーム
■気まぐれにペットを買って愛でるが、飼育方法はあまり良くなかった
■息子・娘家族にご飯をおごる
■通販で物を買いまくる（CD、本、DVD等々）
■美味しいものを食べに出かける
■父母共々、高齢期は病気がちで医療費介護費の支払いが膨大だった

だった。亡き父母には【慎ましく節度を持って老後を生きる】という考えは全然無かったのだった。**そのおかげで全ての処理を押し付けられたワタシは【金銭飢餓地獄】に墜ちて。**2019年の冬は土日になればたった１人で実家に行って「粗大ゴミはこれ」「これは切断して燃えるゴミと金属類に分けよう」「宅配買取の段ボールはどれくらい必要？」とセッセとセッセと働いていた。今思い出すと涙が出そうだ、出ないけど。
父は「お金は使い果たしてやる」と大願成就したが、ワタシに

は恨みを遺していった。だから【死者を悼む】という気持ちにはなれない。オットは「お義父さんそんなにもらっていたの？」と驚いて感心していたが、「だーかーらーいくら年金を沢山もらっていても、使い方次第でそんなもの雲散霧消（うんさんむしょう）（跡形もなくなってしまうこと）してしまうんだよ！　もう年金年金とワタシにしつこく言うな！（#゜Д゜）（#゜Д゜）」と言った。実に不愉快だ。

オットは来週定年を迎えた後に会社から休みを取るように言われて【京都に夫婦で旅行】となっている。数週間前にオットから「どこか旅行に行こうよ」と言われた時、ワタシは「ヤダ！　お金が勿体無い！」と即答したのだが、どーしても行きたいらしい。我慢して行かざるを得ない。あーあ。

『雲散霧消』という漢字を眺めていたら『雲霧仁左衛門』を思い出してしまった、全然関係ないんですけど。

第３章
『大人の発達障害』に
戸惑い、反発し、やがて受けいれる

2023.01.02 ～ 2024.08.05

前頁写真／息子が鉄道イベントで撮影したもの（新幹線の接続）

2023年
01月02日
月曜日

誰のせいでもねえすべて俺のせい①
（Spitz『ワタリ』より）

去年の冬にワタシは精神障害者手帳をもらって、オットからは「障害者年金の申請もするように」と命令され年金事務所に手続きに行きましたが、そもそも緑の手帳３級では障害者年金は出ません。大馬鹿です。ちょっと調べれば分かるのにホント大馬鹿者。うつ病の主治医に書類を書いてもらった代金が無駄になってしまいました。まあその馬鹿なまま【障害者就労移行支援事業所】を探して、見学して自治体に申請して通所し始めたのですが、自らトラブルを起こして結局約４ヶ月で退所しました。息子が特別支援学校高等部卒業後に自宅から遠い都心の障害者就労移行支援事業所に２年半近く通っていたから、自分はもう少し交通アクセスがいい所で事務作業などのスキルアップをして『障害者雇用』としてどこかに働きに出たいと思って行動したのですが、そもそも１ヶ所だけ見学した段階で通所先を決めるのはそれは超絶大馬鹿レベル。「早く通所先を見つけなければ」なんてあせってはいけないものでした。事業所側からすれば利用者が増えればそれだけ自治体から補助金が出るのですから、勧誘の言葉が最初は甘いのです。「あなたの辛い気持ちはわかります。あなたの再就職の手助けをします。『もうここの事業所がいいです』って自治体に言い切ってください」とその気にさせるのが上手いというか。性急に物事を決めてはいけませんでした。最後の方は「オイ、うつ病の人にそこまで言うのか？」とトコトンワタシは追い詰められてしまいました。

誰のせいでもねえすべて俺のせい②

その事業所を利用してすぐにワタシは内心パニックになってしまいました。『大人の発達障害』がいっぱいいたのです。ここ最近『大人の発達障害』が取り沙汰されているのは知っていましたが、なんでこんなにたくさんいるのだ？　と動揺してしまいました。

最初は「そうか、未診断でここまできちゃったのか可哀想に」と同情もしたのですが、すぐに反感に変わってしまいました。高校・大学卒業までまるっきり普通に生活できていた人間が、社会人になってから「実は」というカミングアウトは猛烈に腹が立ってしまったのです。　自閉症度が、たとえて言えば「コップ１杯の水に１滴のカルピスを入れた程度」の薄い状態なのに何を大変がっているのだ？

しかしながらその『大人の発達障害』と一緒に事務訓練をしていたら、段々ストレスがたまってきてしまいました。「未診断だった」「何の療育や訓練もしていなかった」からなのか「なぜこれができない？」と半ば呆然としてしまいました。

「いや、彼らを理解しよう」と**『大人の発達障害ってそういうことだったのか』『大人の発達障害ってそういうことだったのかその後』（共に宮岡等・内山登紀夫共著、医学書院）**まで購入して読みましたが、本当にメンタルが追い詰められてしまいました。事業所スタッフは立場上一緒に事務訓練なんかしないからこちらのストレスなどわかりませんでした。訓練で誰かがミスをすれば叱るだけで済むのですから。叱られているのを見ていてワタシはいても立ってもいられなくなってしまい……。

誰のせいでもねえすべて俺のせい③

前述の『大人の発達障害ってそういうことだったのか』の154ページに【仕事そのものはできる人が多い　適材適所で能力を発揮できる環境整備を】と記されているのですが、ワタシがいた事業所にはそんなものありませんでした。「これからスタッフが言う言葉をメモって」等のひたすら口頭の説明だけで、せめてホワイトボードに箇条書きにしてくれればいいものを口伝てのメモ書きなんて苦手中の苦手だったろうに。そうするとミスが発生して注意されて余計萎縮と緊張でミスが重なりの悪循環になった人がいたので、つい超絶大馬鹿なワタシは【仕事の順番を箇条書きにしたメモ】をその人に渡してしまいました。それでその人がミスをしなければいいなという親心に近いものだったのですが、その人はそのメモを日報に書いてしまったから、即、事業所のスタッフにワタシは呼びつけられてまあえらく叱られてしまいました。「だってその人が余りにもしょんぼりしていたので」と反論しようとすると「それが余計なお世話ってもんですよ（#ﾟДﾟ）」その数日前に「お互いの交流のために１日遠足をしましょう」と熱心にこちらを誘っていたくせに。仕事仲間のフォローをするのはNG行為みたいです。いやもうものすごい口撃で辟易して「ああ、この場からすぐ逃げたい」となって自分も萎縮してコピー機をいじくっていたら、ツカツカやってきて「あなた発達障害なんじゃないの？」と言われてしまいました。

後日うつ病の主治医の先生にその言葉を話したら「ガハハハ」と笑われてしまいました。「もうこれ以上ここにいてはいけない」と即断したワタシはすぐ退所手続きをしたのでした。退所後、今まで休んでいたパソコン教室に復帰して日商PC検定の資格を取得しましたが「こういう顛末になるとわかっていたらパソコン教室に本腰入れて勉強すれば良かった。パソコン教室ほど『本人の能力に合わせたプログラム』『個々人の指導が徹底している』『究極の特別支援教育』ではないか！」と痛感しました。【特別支援教育】懐かしい言葉。

そこでT市の公立小中学校の様子をちょっと調べてみたところ……。

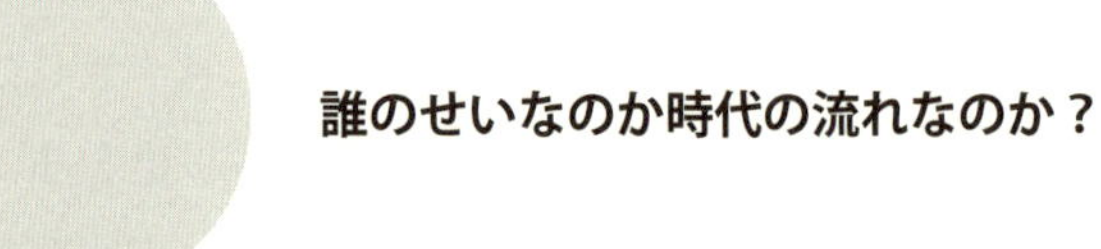

誰のせいなのか時代の流れなのか？

ふと思い立ち、T市の公立小中学校の『特別支援学級』をインターネットで調べてみました。そうしたら、「え？　こんなにあっちこっちの学校で特別支援学級があるわけ？」「知的障害部門、情緒障害部門って分けているの？」息子が小中学生の頃は『知的も情緒も重度も軽度も全部混ぜとけ状態』で『みんな仲良く一緒に』がモットーだったのに。更に知人の話から「各学校に特別支援教室がある」と聞いて隔世の感でした。

当時の特別支援学級の担任によくこう言われましたがねえ。「『障害がある』なんて言っても、いずれ社会に出れば世間はそんな甘くはないです！『障害がある』なんて何も言い訳になりません！」 そのあたりは今どうなっているのでしょうかね？

2023年
03月23日
木曜日

昨日NHK夕方首都圏ネットワークで『特別支援教育』について10分弱の放送があった

昨日のNHK首都圏ネットワークで『特別支援教育』を扱っており（発達障害：ADHD、LD、自閉症）についての番組を視聴しているうちに腹が立ってきてしまいました。それは【ワタシが20年前に自閉症息子を近所の普通級しかない小学校に通わせていた経験】とまるっきり同じことが今も続いているという現実を見せつけられた内容でした。20年前から何一つ変化しなかったのか！ と愕然としましたね。

番組内で、発達障害のある我が子を普通級しかない小学校に通わせていて母親も教室で子供の授業のフォローをしていたが、結局は小学校の途中で特別支援級のある学校へ転校したという実例と、その他同じような経験談を出していたのです。その子供と親に残されたのは、疲弊・挫折・心の傷でしょう。つまり普通級では（発達障害のある児童についてのフォロー）なんかしませんよー！　と本音が露呈された訳だな。20年前と相変わらずなのだ。その発達障害のある子供が教室内でずっと描いていた絵（アニメキャラもの）を見た時「うちのASD息子も20年前同じように自分の好きな絵を描いて、教室内の喧騒に必死に耐えていたのだろうか？」と哀しく思い出しました（泣かないけど）。まあ普通級の教師側にも事情があるのだろう。「定型発達の児童の世話に手がかかって、発達障害児まで面倒見切れない」とかね。

20年前の高学年の定型発達の児童だけの普通学級の崩壊ぶりはすごかったからね〜、当時の児童も今や立派な社会人となって、新しい家族を持って……だろうな。

2023年
03月24日
金曜日

恵泉女学園大学（多摩市）の閉校のニュースについて

今週月曜日に近所の商店街の除草作業や春の球根植えをして、火曜日の春分の日にはオットの父母の墓参りでこれまた雑草処理、つまり園芸作業に勤しんでいたわけなのですが、昨日の『多摩市にある恵泉女学園大学、閉校』のニュースには（ワタシが土いじりをしたがったのはこの閉校のニュースのフラグだったのか！）と……一時期この大学にお世話になった自分としてはかなり打撃でした。

①多摩センターから直通バスも出ているし、普通の私営バス

を利用しても通えるのに、なんで「僻地にある女子大だから閉校だろ？」と小馬鹿にされるのか？　八王子の山奥にもいっぱい大学あるじゃないですか？　多摩市って僻地なのか？

②少子化対策や子育て支援を中心に文部科学省や厚労省と連携をしていた大日向雅美氏が学長を務めていた大学なのに！　結局は少子化のあおりを受けて、受験する女子が減少して閉校なのか？

③これは個人的な話ですが、コロナ禍前に同校で様々な一般人向け勉強会グループがあって、そこで数回『園芸療法士』を勉強して、ほんのいっとき「今からでも園芸療法士になれるかしら？　でも支度金が無いし。それでも資格を取得すれば年齢関係なくずっと働き続けられる」と逡巡していたら、コロナ禍の緊急事態宣言等にぶち当たって勉強できる環境が数年間無くなりました。このまま消滅でしょうか？

①〜③は、まださわりの部分です。実はもう23年くらい前、恵泉女学園大学の人間社会学部の深谷澄男ゼミに週１回母と子供２人で通ってゼミ生と一緒に運動療法（なのだろうか？）のお世話をしてもらっていたのです。

とある療育機関での療育の壁にぶち当たって困っていた当時、新聞に「恵泉女学園大学の人間社会学部の案内」があって、えらく無鉄砲なワタシは学校へ出向いて「どうか助けてください」とお願いして、快諾されて楽しく運動しながら自閉症児のケア（今ならなんと言うのやら）をしてもらって、夏休みには合宿にも参加させてもらいました。当時の自閉症児を抱える母親仲間も誘って一緒に楽しく運動していましたが、息子は就学時期が近づくと同時に「そこに参加させて下さい！」と他の親子から懇願されたりして、うちら親子はその集まりからフェードアウトしてしまったのです。今思えば丁重に御礼をすれば良かったものの……で今このブログで伝えておきます。当時はありがとうございました。週１回の運動（縄跳び、トランポリン等々）楽しかったです。学生さん達のサポートも本当にありがたかったです。その後他の親子経由で深谷氏の身内のご不幸を伺っても何もご連絡せず、息子就学後はなんやかんやあってあり過ぎて縁が途切れてしまいました。

深谷澄男氏の著作をここに記します。『心理学を開く―障害との出会いと係わりあい（主体促進の実践）』（北樹出版）

今考えると、自閉症児は小さい頃は（人の顔の認知が苦手）だから、深谷氏の『自閉症児の係わりあい方理論』はある意味的を射ていたかもしれない。

2023年
03月29日
水曜日

『発達障害ビジネス』

『発達障害ビジネス』が今急成長なのは、そりゃ『大人の発達障害』が大量発生しているからでしょ！　だからです。ワタシ自身が数ヶ月障害者就労移行支援事業所に通所していた時、周りはほぼ（大人の発達障害）だらけで、でも観察しても「ホントかな？」という方々もおりましたよ。その方々の高校時代の青春をエンジョイしてきたエピソードを聞いた時は、内心自分の息子の特別支援学校高等部の時との余りの違いに腹が立ちました。ちょうど（ゆとり教育世代：2002 ～ 2011年）で学力低下のツケが成人後来てしまっただけじゃなかろうか？　等と思うのですがね。

『ここは、日本でいちばん患者が訪れる大人の発達障害診療科』（加藤進昌著、プレジデント社）にこう書いてあります。

【……成人の発達障害専門外来で多数の受診者を診察するうちに、私は新たな驚きを覚えました。それは「外来患者の半数以上が実際には発達障害ではない」という事実です。発達障害と診断できる人は全体の４割程度で、残りの人は明らかに発達障害ではありません（略）】

2023年
07月19日
水曜日

これは事件だと思った
市川沙央氏・芥川賞受賞について

今日のニュースで『芥川賞・直木賞受賞作発表』があって、初めて市川沙央氏のことを知りました。彼女の記事をネットで２、３個読みましたが、何が事件って「重度障害者が著わした小説が芥川賞」というのがインパクトあり過ぎて……。

彼女はずっとあちこちの出版社主催のコンクールに作品を送っていたそうですが落選し続け、ジャンルを変えて初めて著わした純文学で芥川賞をゲットしたとは……。『継続は力なり』ですねえ。

いやよく、自閉症当事者が著わす本は結構出版されていますけどね『いま、会いにゆきます』の市川拓司氏も（自分は発達障害）とカミングアウトして自分の障害の様子を本にしているけれど、情報量が多過ぎて読むのを挫折してしまいました。東田直樹氏も（自分の自閉症について）の本を何冊か著わしていますが、立ち読みした『跳びはねる思考』（2014年、イースト・プレス）の64ページの「水が恋しい」の章で、普通の人たちにはわかりづらいかもしれませんが、水は僕にとって故郷のような存在です。（略）その後、“高尚な水への賛美”がつづられているのですが「え〜？　うちの息子はプールの水に顔をつけるのさえ嫌がるけどな〜。でも他の自閉の子はプールの中平気で潜っていたよな〜？」と当時疑問でした。今なら自閉症といっても「多様性がある」と言えますが。

2023年
08月04日
金曜日

東京都の特別支援学校高等部のエリート教育ですか？

それは『広報東京８月』を読んでいた時に発見したのですが、「都立特別支援学校高等部・職能開発科新設に伴う説明会」が２校で開催されるのですって！　というか、今ざっと東京都のホームページで特別支援学校高等部の（就業技術科）（職能開発科）を検索したら、息子が高等部にいた約13年前より増えているの！　この類が！　そして更に来年２校新しく作るのですって。２校とは、

■練馬特別支援学校（説明会が８月から始まる）
■南多摩地区特別支援学校（仮称）（説明会が９月から始まる）

という内訳でした。

特に南多摩の方は開設準備室がT市にある特別支援学校ですと！「あー、以前小池都知事がその学校へ見学に行ったのは、こっちが本命だったのか」と合点がいきました。だって（生徒が演ずる南京玉すだれを見学）って何それ？　って当時ワタシは不審がっていたものですから。まあ多分【障害があっても中学まで普通級の生徒】が（就業技術科）（職能開発科）に進むでしょう。南多摩の方は普通科も併設するそうです。よく私立の学校で（普通科：能力普通）（特進コース：能力優秀）とかあるでしょ？　それと同じようなものだと思われます。外部の人が見れば「皆同じ学校の生徒」と見なされるのですけどね。

2023年
08月05日
土曜日

南多摩地区特別支援学校（仮称）が
新設される場所って……！

南多摩地区特別支援学校が新設される場所は、【南大沢学園特別支援学校高等部・就業技術科】がある駅からバス、または隣の多摩境駅から徒歩17分じゃないか！　と（#ﾟДﾟ）となってしまいました。「つまりは、南大沢学園進学希望者が増加してきたのでこの際近所で似たようなのを新設するかって東京都のお考えかい！」「でも！　特別支援学校高等部は高卒扱いとは認定されていないけどね！　だからハローワーク求人検索でも（求人募集／学歴：高卒から）でははじかれちゃうよ！」と警告しておきたい。高卒扱いとなりたければどこでもいいからそっちに行った方が有利だよ！　まあ正直言えば、「グレーゾーンの子供が増加しているのでその対策として」でしょうかね？　実は我が家のASD息子を５月から『大人の発達障害デイケア』に通わせる手続きで医療関係者と話した時「息子さんは今だったらグレーゾーンでしょう」と言われてワタシは「？」となったのですが、そうなのか一息子のレベルがグレーゾーンとはねえ〜。今更感半端ないけど。

東京都には多様な高校があって、チャレンジスクール・エンカレッジスクールなどもあるはずなのですが、そちらも増えているのでしょうかね？　東京都のホームページでそれらの高校をいちいち調べるのも億劫なので、やめておきます。しかしながら（チャレンジ／エンカレッジ）はきちんと高校卒業後の進路指導をしているのでしょうね？　この際Ｆランでも大学に進学させればよろしいのに。Ｆランでも大学卒業扱いですから。

2023年
08月06日
日曜日

ギフテッドと発達障害の違いがわからない

昨日の朝のニュース番組で『日本のギフテッドの子供について』の報道があったのですが、すごく頭が良すぎて周りから浮いてしまう存在で密かに苦しんでいるのだそうです。ギフテッドで有名人だと、エジソンとかビル・ゲイツらしいですが正直見出し通りに、ワタシはギフテッドと発達障害の違いがわかりません！　スマホで検索してもよくわからない！　……と考えていたら、アナウンサーがゲストの奥山佳恵氏にコメントを求めて余計訳がわからない！　状態になってしまいました。奥山佳恵氏は次男がダウン症でずっと普通級に通わせているのですが、彼女は彼ら（ギフテッド）の事情などわからないだろうに！　と思っちゃったら、彼女のコメントが全然耳に入らなくなってしまいました。何を喋っていたか今も思い出せません。『障害児の母親』としてテレビに出演しているのでしょうが、そうよ！　テレビドラマ『コウノドリ SEASON 2』の後半で、生まれてくる赤ちゃんがダウン症らしいという妊婦の苦悩を描いていた時、先輩ママ役で彼女が出演していたのよ！　あの時もビックリしてしまったのですよね～。奥山佳恵氏は「インクルーシブ教育」を普及させようと子育てブログを発信し書籍も出しています。

お前（ワタシ）だって自分の子供のことをブログに載せているじゃないかと思われるでしょうが、ワタシのブログなぞ読む人少ないもん！　と答えておきます。

2023年
08月09日
水曜日

薬と教育と親

ワタシは前著にも書いたのですが、当時の小学校特殊学級ー中学校特別支援学級－特別支援学校高等部でも、本人のメンタルの安定のためにと薬を服用させていました。そこで今日改めて、過去小児精神科で処方された薬を時系列にしてザッと調べてみました。

■メチルフェニデート塩酸塩錠（多動・衝動性を抑える薬）（2004年あたり～）※数年服用していましたが、依存性が高くなるという理由で販売禁止の薬となり使用不可となる

■バルプロ酸ナトリウム（興奮を和らげる薬）（2008年あたり～）

■ピモジド（自閉症を治療する薬とお薬手帳には記載されている）（2008年あたり～）※2021年販売中止となる

■ビペリデン塩酸塩（震えや筋肉のこわばりなどの症状を改善する薬／多分ピモジドと併用薬（2008あたり～）

■ペロスピロン塩酸塩水和物（気分を落ち着かせる薬）（2009年あたり～）

■リスペリドン（気分を落ち着かせる薬）（2011年あたり）

■抑肝散エキス顆粒（イライラを和らげる薬）（2011年あたり～）（途中でやめた）

■大柴胡湯（漢方薬）（2011年あたり～）

■柴胡加竜骨牡蛎等（漢方薬）（2011年あたり～）

漢方薬２種などは、本人が飲みやすいようにカプセルに一々入れていたのですよね～、誰かから「鳥の餌みたい」と言われてムカついたけど。これらの薬は2017年11月あたりまで小児精神科で処方してもらっていたわけですが、どうも「効き目が弱くなっている」と思えてワタシがうつ病の薬をもらっている心療内科の主治医に相談したら、「身体が大きくなっているか

ら今までの薬では効かないのでは」と助言され、病院を変えたという経緯があるのですが……。

今考えてみると「自閉症児にとっての過酷な教室現場に対応するためだけに、薬の種類と量を色々変えていたのだな」と当時の必死さがわかります。教室現場の改善を親側から申告してもほとんど変わらなかったからなあ、転校させても色々あったし（と前著に書いてある）。

こんな脳に影響を及ぼす薬を少量ずつでも毎日服用すれば、当然副作用が出るわけだったのですが、どうも食欲亢進作用があって腹部膨張と体重増加という現在の姿になってしまい年子の妹である娘に「太り過ぎだ」と非難されている今日この頃なのです。成長期に脳の薬を与え続けたせい、それも薬を服用しなければならないほど当人にはストレスフルな毎日があったということは娘には伝えていなかったので、その辺の裏事情を知らない彼女からしてみれば「食べ過ぎの不摂生、自己の健康管理がなっていない」と見えていたのでしょう。

ここ最近、兄の肥満をヤンヤ言うので、母のワタシはついにキレテしまいました。「中学の特別支援学級内で暴れる子に目を殴られて、他の子に腕時計を壊される教室現場で、中学まではどうにか通わせなければと耐えて、最後は個別隔離教室で授業を受けて、メンタルボロボロの兄は薬の量を増やして副作用で太ったの！　今妹にデブとバカにされているくらいなら不登校させれば良かった」と。大体親だって太めじゃないか！　太いのは遺伝だ！

……当分ワタシのこの怒りは収まらない。でも多分娘は理解できないと思われます。しょせん「兄妹は他人の始まり」なのです。だけど、娘は一応作業療法士という医療専門職についているのですよね。これまた過去に療育専門職から保護者たる親（ワタシ）が子育てについて非難されたのを嫌でも思い出させられて、ワタシの心の傷から血が滲んできています。

2023年
08月18日
金曜日

これが『ゆとり教育』の成果か！と思った

ゆとり教育で育ってなんとなくそのまま成長してしまった大人の発達障害が、【小さい頃から発達障害があるのがわかって教育されてきた人々】の居場所を席捲しているのではないかと疑っている自分がいます。

普通の高校に行って普通の大学生活を送っていた人が社会に出たらうまくいかなくて、障害者就労移行支援事業所に通ってその後障害者雇用で一般の会社に雇用するだけではなくて、どうやら【特例子会社】【就労A型】果ては【就労B型】にまで入り込んでいるみたいです。もう「なんだよ、それって」と1人で怒っています。

「普通に4年制大学通っていたのに、なんで【就労B型】で実習なんてしているのよ？」と昨晩作業療法士の娘にブースカ言っていたら「まあまあ、人には色々事情があるから」と返されました。

その大人の発達障害がASD息子と同年代と考えるに『ゆとり教育』で育ってしまったから少々（？）の学業不振でも、不登校気味でも、どうにかなっちゃったパターンが多いと思われます。どうにかなっちゃったパターンが社会に出て少々不適応なことが露見しても、これまた彼ら彼女らに優しい居場所が用意してあってすべてを許してしまう社会に入ってしまうのだろうな〜。

息子なんか特別支援学校高等部に入学したての頃「先生には必ず挨拶をするように！」とガミガミ朝から注意を受け、朝礼でちょっと動いただけで「そこ何している！」と詰問されていたのに、普通高校または大学ではそんな言葉を先生から受けていないでしょ多分。息子は「実習」「実習」とせかされて「学級内でインフルエンザが出たので、明日の実習は急遽中止」なんて言われて本人訳がわからなくてパニックを起こしたこともありましたが、そんな体験したことないでしょ？　そもそも特別支援学校高等部は高卒扱いではないし。かたやFランの高校・大学でも、卒業すれば高卒・大卒扱いだよな〜。

この間似たような境遇の方から「最近就労B型の職場で人が溢れている」とボヤキを聞いたのですが「ゆとり教育」の成果がこのような展開になったと思われます。弱い者の居場所がドンドン狭くなっているような気がします。どこへ行けばいいのでしょうか？

2023年
09月11日
月曜日

今日の『あさイチ』のテーマで『HSP』を扱っていたらしく、それも胃痛の原因か？

『HSP』とは、生まれつき「非常に感受性が強く敏感な気質を持った人」という意味で、英語では「Highly Sensitive Person」の頭文字をとって表現されるそうで、先天的な気質、即ち生まれ持った性質であることがわかっています……だそうで、とあるクリニックのサイトでは「以下のような特徴があります」と説明がありますが、ワタシは全部読むのが面倒なのでご興味のある方はご自身で調べた方がいいそうです。

どうやら世間はそういう感性の『HSP』の方に理解が深く「世の中みんな優しくなったのだな～」と感慨深いです。自分から「私はHSPです」と告白すれば皆さん優しく接してくれるのでしょうかね？　いいよな～。「子供が自閉症です」と言っても「障害があるからって甘えるな」と言われてきた者からすれば、この対応の違いにモヤッとします。こういうことも時代が変わったのだなあ～と脳内変換しないといけないらしいですね。

2023年
09月20日
水曜日

「教育を受ける権利侵害」北海道のろう学校にて

【北海道立札幌ろう学校に通う児童らが教育を受ける権利を侵害されたとして道に損害賠償を求めている裁判で和解協議が決裂したことが分かりました】と、昨日のヤフーニュースで報じられました。

概略すると、手話には「日本手話」と「日本語対応手話」と種類が違うものが存在しており、原告側は「日本手話」で授業が受けたいのに担任になった教師が「日本手話」がほとんどできず授業が受けられなくなった……というのが原因で、拗れているそうです。

「学校教育に、障害のある子の特性に合わせた教育を施してもらいたかったが上手くいかなかった」という過去があるワタシにとっては、北海道の件は対岸の出来事ではなくて「いつまでたっても上手くいかないものだなあ～」と溜め息が出る話です。「学校教育に期待するな」という意見もあるかもしれませんが、そうなると「では学校とは何の役目を持っているのだ？」という疑問ループが発生して思考停止に陥りそうです。……と思考停止中に、ASD息子が『大人の発達デイケア』から帰って来て、１通の手紙をワタシに差し出しました。ワタシは常々、やっとどうにかこうにかして出版した前著を「誰か１人でもいいから読んでほしい、そして感想が聞きたい」と熱望していたのですが、その感想は息子が通っている【大人の発達デイケアの先生】から手紙で来たのです。

手紙の内容を大雑把に記してみますと、

①一つ一つのエピソードが非常に具体的でわかりやすい

②その出来事に合わせたせきららなお母様の心の声がとにかくおかしい

③この著書は読み物としてもとても面白い

④発達障害者の支援に携わっている人にとても役に立つものだと思う

「楽しく読んでいただいたのか～」「おかしくてか～」とくすぐったいような気持ちと相反して、自分はシビアに書いたつもりなのだが、どこかウケを狙っているのも薄く自覚しているから～まあそういう感想になるなあ。

更にこの前著を、病院が11月に開催するオンライン研修会で最後に本の宣伝をできるのではないかとも提案して下さいました。そうか、おかしいのか～。タイトルはシビアなのになあ。

2023年
10月29日
日曜日

ASD息子が合同面接会に１人で行った後の、聞いた話

ASD息子は2020年１月から２番目の「就労A型事業所」に通っていたのですが、業務縮小になると聞いて、2022年12月に退職しました。　それから2023年からハローワーク専門部門へ通ったり、障害者雇用についてのセミナーに参加したり、「大人の発達障害デイケア」に週１～２回通院していました。

そして『東京都の障害者就労支援事業所』に登録したので、もし１人で会社の面接に行く時に不安があったら同行してもらえるのですが、そもそもの問題はこの事業所へ電話でアポを取っても「今会議中でいつ終わるかわからない」「今日は１日中外出している」とほとんど繋がらなくて、本人もしくは親のワタシが電話しても本当につかまらなくて、この時点で『心が折れる』となっていました。そしてその旨をこの間ハローワーク専門部門の方にやつれた姿でワタシが訴えたら【本人とハローワーク担当者が直接その事業所へ行って今後のことを話し合う】という予約がやっとどうにか来月初旬にできました。息子はもう「支援者に同行してもらわなくても合同面接会や普通の面接に自分１人で行ける！」と言い切っているのでその言葉を信じてくれればいいのですが、障害者雇用の場合（絶対に支援者同行）が必須なのでしょうかね？　もっと柔軟性を持って対応していただきたいものです。

その反対に『障害者就労移行支援事業所』の支援員さんは「その移行支援事業所から障害者雇用者が数多く輩出」＝ポイント稼ぎをしたいから、必ず面接には同行するでしょうが、そうポンポン採用されるとは限らない。同行しても実績に結びつかないだろうと思われます。でまあ、今回も息子１人で合同面接会に行ったのですが息子曰く「ほとんどの人が支援者か保護者が付いてきた。ボクより不安が強い人が多かった。学生もいた」らしいです。「合同面接会は応募者が多かった」そうです。最近『大人の発達障害』もこの障害者雇用就職戦線に参加しているから、一般の就活より熾烈を極めているのではないかと思います。（大人の発達障害でも大学通っている人）なんかは大学側できちんとフォローしているのでしょうか？　どなたか教えて欲しいものです。

2023年
10月30日
月曜日

ワタシが通所した
障害者就労移行支援事業所の思い出話

以前約４ヶ月間いた障害者就労移行支援事業所で退所を決めた直前、事業所のスタッフにガミガミ怒られた時に「みんな大変なの！　自分だけ大変だと思わないで！」なんて言われたのですが、内心「はあ？　どこが？」と反抗心が出ましたがグッと堪えたことがありました。だってねえ、他の利用者さん見ているとー

■「みんな大変だ？　親の庇護のもとでノホホンとここに通所している人ばかりじゃないか！」

■「ここに通ってきても【相談だけ】【手芸だけ】の人もいるのに、それのどこが大変なのか？」

■「ワタシ以外の子持ちの主婦でも『家事はお母さん（多分ワタシより年上だろう）に全部任せている』なんて言っている人のどこが大変なのか？」

■「大体、自閉傾向の人に指示を出す時は口頭指示じゃなくて、ちゃんとメモにして視覚化を！　とある利用者が上手くいかなくて困っているからつい手を出したのは確かに愚かなワタシのミスだけどね！」

■「最初『ここから大手の会社に採用された人もいる』なん

て言っていたが、そりゃその採用された当人がハイスペックだっただけじゃないのか？」

ホント障害者就労移行支援事業所に通所を決める時は数ヶ所の見学と体験はした方がいいと思われます。「なんでこんなこと（みんなと仲良く『就活スゴロクゲームをして意見を言い合う』）をしなくちゃならないのだ？」と疑問を感じたら撤退するべきでした。そんなゲームでコミュ力が上がるとワタシは思いませんでした。MOSパソコンの参考書が棚に飾ってあるだけでタイピングのスピードと正確さが上達するはずもないのですからね。

2023年
11月19日
日曜日

とうとうこういうタイトルの新書が発行されてしまいました

今朝（11月19日の日曜日）読売新聞に『ルポ高学歴発達障害』（姫野桂著、ちくま新書）の論評が載っていました。「やはりか！　わかってはいたがいざ活字になってしまうとは！」と心が痛いです。

『高学歴の発達障害者』が一般企業の障害者雇用でいっぱいになる日も近い、いやもう既にそうなっているのではないでしょうか？　雇用する側はより知的レベルが高い方を選ぶのは自明の理です。息子みたいな特別支援学校高等部普通科卒のレベルはいったいどこへ行けばいいのでしょう？　入る隙間が見当たりません。あー暗くなってきた。パソコン教室に通わせてパソコンスキルを高めていても履歴書の段階で不採用ばかりだろうと考えると「何の為に今まで……！」と恨みも募ります。どこかに活路が見いだせるのでしょうか？

2023年
11月24日
金曜日

「どうして？」ってこちらが聞きたいよ

家ではよくしゃべろうがASD息子はやはり『コミュニケーションの障害』はあるわけで。以前【ASD息子と東京都の障害者就労支援センターの職員とハローワーク専門部門の方】3名で今後のことを話した時に、やたら職員さんから「それで君はどうしたいの？」と質問攻めにされたそうです。息子は「デイケアには行きたい」と答えたらしく「なら、求職活動は一旦休んでデイケアに通いなさいよ」と言われたそうです。オイ、【大人の発達障害のデイケア】なんて本人のお好みだけだと週２回の午後２時間弱くらいしかないプログラムだよ、そんな小タイムに自分の時間を割くのが大事？　まず就職するのが優先では？　このままデイケアと趣味の鉄オタ活動しかしなかったら、親が年を取って収入が途絶えたらどうする？　なにを誘導尋問しているの？　息子の就労支援をする気がないのか？……ないのだろうな忙しいから。ハローワークの方からは「就労支援センターの職員さんは東京都内からいっぱい相談が来るから多忙なのですよ」と言われましたが、全部の利用者に「多忙です」と言い訳を言っているとしか見えないのですけど。それとも我が家だけハブかれているの？

ふと、息子が幼少時に受けたST（言語療法）のことを思い出しました。その時もSTさんが、とある質問をして息子が答えを言ったらSTさんはやたら「どうして？」と質問していたのですよ。ワタシは内心『どうして？』ってなぜそんな答え聞きたがるかな？　明確化しないといけないものなのかな？　と疑問でした。「えー、なんとなく（そう思って・感じて）」ではダメなのか？　幼児に【はっきりした自分の答えを引き出させよう】って、知的に遅れのある多動児にそんなハイレベルな要求するの？　今でもワタシはわからない。２歳半くらいでやっと信号の色の言葉を言えた人間が、急激に自分の考えをスラスラ答えられるものなのかどうか？　定型発達児ならそんなの簡単なのでしょうかね？　定型発達じゃないからこの療育機関に言語療法受けに来ているのに。今もそのSTさんはあの療育機関でそういう療法を続けているのでしょうか？　ちょっと心配になってきた。

今日『ルポ高学歴発達障害』を購入して９割方読みました。ルポされた方々は皆一流大学卒ばかりですので、学歴社会のピラミッドでは頂点のポジションばかりでした。その頂点の部分だけフォーカスしているから、例えば息子などはピラミッドの底辺の方ですから、この本はあまり参考にならなかったかなあ。「一流大学入れる学力があるだけマシじゃないか」とひがんでしまいました。

2024年
01月26日
金曜日

ろくなものじゃないな、東京都の特別支援教育（NHK首都圏情報ネタドリ！）より

今日の午後７時半からNHK首都圏情報ネタドリ！を録画しながら視聴していたのですが「何これ？」と突っ込み入れまくりでした。

発達障害の子“通級利用に数ヶ月かかる場合も”都内の４割以上 自治体アンケートからみえた“学びの壁”というテーマでしたが、概略すると、

■発達障害の可能性がある子供は年々増加傾向で全国の小中学校の通常学級に8.8%、11人に１人程度いると推計

■国はこうした子供達に対する特別支援教育の１つとして『通級指導』の充実を求めている

■しかし「通級指導が受けられない」といった声がNHKに複数寄せられたので、実情調査をした

■都内では『通級指導』の利用条件とされる臨床心理士などの専門家による検査（WISC-Vなど）に時間がかかるので通級指導の利用までに数ヶ月かかる。また、慢性的な教員不足などにより「通級指導の利用までに数ヶ月かかる」という答えも出た。このままでは学校生活での失敗で心が傷つき、人間関係でとても苦しい思いをしたりして、不登校や自分の部屋から出ることも難しくなるといった２次障害になる子供も増えると懸念。東京都も対策に乗り出す

通級はねえ、今から20年前くらいにうちの息子が普通学級

に在籍していた時に週１回他校の通級指導教室に通っていましたがね、そこの保護者会で会が終わった後とある母親から「本当はこんな所に通いたくないのに『一緒に頑張りましょう』なんて言うあなたはデリカシーのカケラが無い！」と怒鳴られたなあ。なら無理にここに来なくていいじゃないか？　と言いたくなったけど耐えました。それが今や『通級指導』希望者が爆増とはなあ～、20年経つと親の意識が変わるのか、当時怒鳴った母親は今どうしているのか全然知りませんが。

通級指導教室にうちの息子は通っていましたが、普通級では『こいつはなんでこのクラスにいるの？』扱いだったので、しまいには校長先生から「養護学校へ転校した方がいいのでは」とまで言われて結局『特殊学級』に転校しました、チャンチャン。

そして『特殊学級』に移ったら～のその後の話が前著で詳しく著わしているのですが。『通級指導』が受けられなくて結果不登校になるのが嫌なら『特別支援学級』に転校すればよろしいのに！　と突っ込みを入れてみました、ハイ。これはワタシの個人的意見ですから。

そこで東京都の緊急的な支援を行う方針としては、

◎検査を行う心理士の増員（いや、精神保健福祉士や心理士自体そんなに存在するのか？）

◎検査の外部委託

◎個別に民間の検査機関を利用した際の負担軽減（うちの息子が度々受けたWISC-Vは自費で１万円くらいだったような。検査は５時間もかかった記憶はないのだが。20年経つと検査費用は高額になっているのか？　これまた現在ど

うなっているのかワタシにはわかりませんが

なんというか、20年前からたいして進歩していないのだな～と感じました。「東京オリンピックなんかやって巨額資金をバカスカ使うから今こういう教育現場に『お金がない』なんてしわ寄せがきちゃったじゃないか！」なんてな。

2024年
01月27日
土曜日

『通級指導』を待ち続けるより、『フリースクール』を選んだ方がいいのでは？

前日のNHK首都圏情報ネタドリ！で『東京都では通級利用が困難』という内容が流されて、あれこれ専門家も仰っていましたが【『通級指導』を待ち続ける間に、普通級のクラスメイトからからかわれたりして心が折れて不登校になったケースもあり】なんて聞いた時に、昨晩ワタシは【ならば『特別支援学級』に通えばいいのでは？】とブログで書きました。今は更に考えを深めて【『フリースクール』に通えば？】となっています。ワタシが月１回通院している心療内科の道の向かい側に、２軒も放課後デイケアとか不登校対応のフリースクールがあるし、20年前より確実にフリースクールは増加しているので、東京都の公立小中学校に期待なんかしない方がいいのでは？と思います。

自分の経験から【子供って『こいつは自分より格下と思う対象』には残酷なことを平気でする】のですから。それはまるで、狼の群れにウサギを放り込むのと同じくらいの衝撃だと感じます。話し合えばわかり合えると思っても無駄。まあそれにもし仮に公立小中学で特別支援学級に進んでも、高校は普通高校を選ぶこともできるのだから『通級指導』なんていつになったら通えるかわからないものに期待するのは時間の無駄なような気がするのですが。

まるで、家族で介護している介護度数が高い高齢者をいつになったら特別養護老人ホームに入居できるかと待っているのと同じような。このたとえが合っているのかワタシにはわかりませんが。

更に驚いたことにこの番組のQRコードをスマホで読み取って細かくチェックしていたら【検査に時間がかかるなど通級の利用までに数ヶ月かかる場合ありの東京都の24自治体】の中に、T市も入っているの！　（ﾟДﾟ）白目を向きそうになりました。だってT市は各小中学校に『特別支援教室設置』だと聞いていたから「なんで？」と訳がわかりません。特別支援学級だってあちこちに増設しているのにどうしてこうなっているのか？

前著のあとがきでもやっぱり記しましたが「そんなに発達障害が増加しているの？」と疑問を呈していたのですが、昨日の番組では発達障害は20年前の３倍に増加しているのは事実だそうです。うーむ。

2024年
01月30日
火曜日

『親が癌で死んだ』のを思い出すと
キツイですね

日曜日にマンションで行われた『防災訓練』終了後、1936年生まれの方が急に具合が悪くなったのを見たワタシは『義父と実父の癌の時』を思い出してしまってからメンタル不調です。実父が下咽頭癌ステージⅢで放射線治療を受け続けたのが2017年秋で、その後の癌の様子を2018年１月末に調べたら、結果は「癌は取り切れなかった。これ以上回復は望めない」と言われたのが２月入った頃。今からちょうど６年前になるのですか。前のブログで確認しようとしたら（2018年２月分の記事）が全然ない！　ブログ更新などできなかったわけだ。６年経ったのにまだ引きずっているとは。だからうつの薬を服用しているじゃないかと１人突っ込みを入れてみる。

しかし、家族はワタシのこのメンタル不調に全く無関心なのが余計に傷つく。冷たく返された言葉にすごく傷ついた。言った当人は「そんな悪意を持って言ったわけではない」と思っているでしょうが、もうナイフでグサグサ刺されたくらいのダメージで「これ以上一緒に暮らせない」とまで追い込まれています。昨日「もうワタシこの家出る！」と宣言したのですが、家族からは「またなんか変なこと言っている」くらいにしか受け取られていません。

2024年
02月03日
土曜日

2月1日、58歳精神手帳持ち女 ビッグサイトの『障害者就職面接会』に行った

「もうワタシこの家出ていく！」と宣言して、ちょうど2月1日のビッグサイト（江東区りんかい線国際展示場／ゆりかもめ東京ビッグサイト駅）で開催される『障害者就職面接会』にハローワーク経由で申し込んで当日行きました、真面目に。ちょうどオットの実家から歩いて5分の所の某企業が障害者求人企業として出ていたのでまずそれを第1目標に、都営交通無料乗車券を所持しているワタシが無料で行ける某企業（つまり都営バスと都営地下鉄線利用）を第2目標として、家族への憎悪を胸に抱いてバババと準備してリクルートスーツに着替えてスーツケースを引きずりながら行ったのですよ、本当に。しかしながら、逆方向の電車に乗ってしまい受付時間に10分遅れたので締め切りとなりました。馬鹿だ。でも元々勝算はほぼゼロだと思っていました。入り口しかワタシは入れなかったのですが、凄い人出でゾロゾロ歩いていた人達皆若かったし。「そりゃ58歳より若い方を採用するよな」まあビッグサイトなんて多分今後用がないだろうと思って記念みたいに行っただけですが。記念として行ったのですがー、夕方は海風が寒くて「誰だよ？金曜日・土曜日は気温が高くなるなんて言っていたのは？」と内心文句を言っていました。しかしながら、オットの実家から徒歩5分の某企業は素晴らしく魅力的で、障害をオープンにしようがクローズにしようがどうにかして潜り込みたい！　と

思っているワタシは、ビッグサイトそばのワーキングスペースをあらかじめ予約してその某企業に関わっている派遣会社へWeb面接で登録を済ませました。実はこちらの方が本命でした。派遣会社の登録後すっかり暗くて寒くなるのを予想していたのでその日は隣の東雲駅近くのカプセルホテルに1泊しました。まあとどのつまり自分の家から適当な理由をつけて逃げたかったのですね。夕食はワーキングスペースのそばにあった『サイゼリア』でサラダとハンバーグセットとドリンクバーで1200円で済ませました。そうしたら次の日……。

2月2日ASD息子の面接に成り行きで同行しました

初めてカプセルホテルを利用して慣れなかったのか、薬を飲んでいるくせにその日は熟睡できませんでした。そうしたら息子から朝電話があり「今日自分の面接が小田急代々木上原駅から徒歩15分の所であるから同行してほしい。母ちょうどリクルートスーツ着ているからいいでしょ？」と懇願されて、息子の面接に同行しました。「まあ今ワタシ江東区にいるし〜、帰り道の途中でASD息子の面接に付いて行ってもいいだろう」と考えたもので。そんな訳で朝食は代々木上原の『箱根そば』で済ませて、息子が来るのを待って同行しました。正直今回同行して良かったです。企業側はワタシを最初は『支援機関の人』と思い込んでいましたが、企業側3名こちら2名で対応したのは息子的にはプレッシャーを軽減できたと思います。企業側には「特別支援学校高等部の卒業後」「障害者就労移行支援事業所」「就労A型とB型の違い」等その辺りの説明をワタシがしました。息子は緊張していましたけどワタシが事前に作成したアンチョコでどうにかなりました。
「では、データ入力のテストを受けてもらいます」まで進み、実際パソコン作業をさせていただきました。本人曰く「過去の面接でここまで自分を見てくれる所はなかった」そうです。更に「現場をご案内しますよ」なんてあって「コロナ禍以降、在宅ワークの人もいて現在このような少人数です」で少々驚きました。今コロナ第10波中ですからねえ。
　面接は親子で「やるだけのことはやった！」感でした。実際パソコンの腕前を見てもらったので、それだけでも感謝です。
　ASD息子が帰り道で「代々木上原って去年有名になったレストランがあるじゃないか」と言って「えっ？　何それ？」「シオ」「塩？」あの不倫のか！　そのレストランのランチセットが8,000円と聞いて「ワタシにはありえない！」と叫んでしまいました。
　後日『奇跡』が起きて、その会社へ息子は『障害者雇用の契約社員』として採用されました。

2024年
07月01日
月曜日

『自立』という言葉が我が家から ヒラヒラと飛んでいく〜

息子は４月からＡ区のオットの実家で１人暮らしをしていたのですが【都営交通の舎人ライナーのラッシュの凄まじさに負けて】【心療内科と就労定着支援センターの２つを都心の方へ変えたら、甚だ相性が悪くて】結局T市に戻ってきました。それとほぼ同時期に自宅から徒歩５分の所へ引っ越した娘が「仕事帰りに不審者に付けられた」ことがあり、それが実はかなり大ごとらしく警察署から「当分実家から仕事に行ってください」と言われて、つまり子供２人共T市の家に戻って来てしまいました。「自立は？」という問いが虚しくなるという顛末でして。「ああ〜」って手を伸ばしてももう届かない。都営交通のラッシュが憎い！　不審者が憎い！　ですね。本人達も息子の方は『舎人ライナーがあれほど混むとは！』と実際体感しないとわからなかったのである意味「もう気が済んだ」状態でしょう。娘は金曜日の夜遅くまで警察の方から事情を聴かれたら改めてゾッとしたそうで、その後覆面パトカーで家まで送ってもらいました。２人共帰ってきたら洗濯物がまた増え始めて、麦茶の減りが非常に速い。コメの消費が激しい。「まあいつの日かわからないが、いつかきっと子供は巣立つだろう。今は安心と安全が最優先だよな」と思うことにします。

『自閉症の人の自立をめざして:ノースカロライナにおけるTEACCHプログラムに学ぶ』（梅永雄二著、北樹出版）という本をものすごく大昔に読んだ記憶はあるのですが、何も憶えていない。

2024年
07月02日
火曜日

最近、マンガ家や小説家が「自分は発達障害」と言い出しているような

6月30日（日）の読売新聞12版の『本よみうり堂』のコーナーに『あらゆることは今起こる』（医学書院）の書籍紹介があり、『「合わない」感覚誰にでも　柴崎友香さんと読書委員ADHDを語る』なんていう見出しの記事が紙面を埋めていました。著者の柴崎友香氏はあの『寝ても覚めても』の原作者で、東京駅のそばで以前『濱口竜介監督と柴崎氏のトークショー』があり自分も見に行ったのだよねえ、あれは2018年のことだっただろうか。

最近多いなあ～『実は私は発達障害です』と告白する人が。マンガ『違国日記』の作者もどこかで自分は発達障害と語っていたような気がするし『映像研には手を出すな！』の作者も発達障害とカミングアウトしていたし。で、今度は小説家ですか～。実際発達障害児を育てている親からすれば「え～、なんだかなあ～」と腑に落ちないのですけど。

本当のADHDは、

■本の読み聞かせを幼児が皆一斉に聞いている間、その周りをグルグル走り回っている

■公園に遊びに行けば１ヶ所では気が済まなくて３ヶ所くら

い公園のはしごをした

■１歳半健診で別室に呼ばれた

というのがADHDの特徴でしょうがねえ？

『発達障害』の拡大解釈が目に余るような気がします、あくまでワタシの偏見ですが。

2024年
08月05日
月曜日

『あらゆることは今起こる』を読んでみました

８月に入った早々、ろくなことがなくて内心困っています。

■ASD息子が京王線の7000系のトレーディングカードがどうしたこうしたと、すごい文句を言いまくり（ASDのこだわりの強さはバカにできない）

■メンタルの病気（うつ病ではない）になった高校時代の友人から１ヶ月ぶりに矢継ぎ早にショートメールとLINEがきて『ブロック』しましたが、行動がエスカレートしたらどうしよう～

と、もう色々悩みましたよ。精神病院で作業療法士として働いている娘に「突然その友人が家に来たらどうしよう」と言ったら「警察に言うしかないのでは」と答えをもらいましたが「可哀想～でもなあ～」と悶々として、「そうだ！　ワタシが本当に外に出る仕事をすれば家は留守になる！」とひらめいたのですが、逆に「どうしてワタシがそこまでしなくてはならないのだ？」とも思うし。

明日ワタシは自分の心療内科に行くから相談してみます。どう答えてくれるでしょうかねえ？

息子の肥満対策に「寒天クッキング」をしたのですが、自分が試食したらあまり美味しくない。お茶を寒天で固める時熱を加えるとお茶の渋みが出て苦くなることに気がついてその後の処理（本人に４分の１食べさせて残りは自分で食べた）をしたら腹痛になりました。

それはさておき、図書館で見出しの本を予約したら13番目だったので「いつ手元に来るかわからない」と思い購入してザザッと読みました。

柴崎氏の他の本『寝ても覚めても』は以前読んだのですが、2020年の忌まわしい思い出【第２章に載せました】があったので処分してしまいました。まあそれで一読しましたがワタシとしては「なるほど（朝ドラの星判事風に言う）」としか反応できませんでした。ウチの息子が典型的な『多動』に比べると「なるほど～、息子は『外向き多動』で彼女の場合は『内向き多動』というか、子供時代の『内向き多動』ならば「周りに迷惑はかけないから周囲の大人には見過ごされるでしょうなあ～」というところでしょうか、でも彼女はランドセルや学校の机の中身が悲惨になるっていうのはあったらしいですが。一読しただけなのでこれ以上の感想は述べませんがこの本とマンガ『違国日記』（ヤマシタトモコ作）を続けて読むと「なるほど」度が高くなりました。

本の中で柴崎氏は『コンサータ』を服用したら常に眠い状態が改善されたそうですが、以前息子が同じ成分で作られている別の薬を飲んでいて「これは依存性が高い薬なのでもう使えないです」と当時の小児精神科医に言われた時「では『コンサータ』はどうですか？」と聞いたら「彼には合わない」と却下されたことがあったのを思い出しました。『外向き多動』は子供の頃はハイテンション全開でしたから『コンサータ』は使えなかった？　まあその『外向き多動』も歳を重ねると徐々に収まりますが、収まるけど、家に帰るとマシンガントークが始まるのです。家の中ではハイテンション。

ワタシは以前「『大人の発達障害』なんて認めない！」と吠えていたのですが、こうもあちこちでカミングアウトされるともうそういう方達の存在を認めざるを得ないという心境になりました。

「なら今まで息子が冷たい目で見られていたのは何だったのか？」

「（定型）（障害）と境界線をつけられていたように感じていたが、いつの間にかその線が曖昧なフニャフニャなものになっていたのか」

「これは『諸行無常』と考えるべきなのか？」

と色々思うのですが、今後は深く考えないようにしようと思います。

（令和６年猛暑の８月）

おわりに

四字熟語に「十年一昔」というのがあって、意味は世の中の移り変わりが激しいことのたとえだそうです。「移り変わりが激しい」自分のこの本でも約14年間の個人の出来事を伝えていますが、“変わっていないもの”も結構今もあるのだなと思います。

第1章の親の介護の話ですが、本ではグチグチ書いていますが母親が亡くなった直後は号泣しました。亡くなった後に介護付き有料老人ホームに身の回りのものを少しだけ取りに行った時にベッドがそのまま乱れていて抜け毛がシーツにいっぱいあったのを見たら感情が溢れてしまいました。　父親の時は亡くなった直後に看護師さんに「一緒に体を洗いましょう」と2人で遺体を洗いましたが、その時は「これで終わった」というため息が出たような。全然終わりじゃなかったですけどね。

息子が関係していた『特別支援教育』も、ハコモノはいっぱいできましたけど、その対象が（発達障害／グレーゾーン）が増加しすぎて対応が後手後手になってしまって、学校現場はアップアップ状態なのではないか？　と感じています。

第２章の２俳優の不倫騒動の時「不倫や浮気なんかみんなやっている」とかの意見も少々見られてモヤッとしましたが、それは第3章の「みんな何かしら発達の偏りがあるものだ」という意見に似ているような。「みんなそうなんだから」なんて言い切られると反論できなくなってしまいます。

自分達の親の介護が終わった後でも、今も相変わらずASD息子はこだわりが強いです。ワタシも老いてしまい息子の特性に「もうついていけない」と思うことが増えました。どうにかしないとなあ……と相変わらず悩んでいます。

（令和６年10月秋晴れは暑い東京）

著者プロフィール

Kisaragi（きさらぎ）

1965年2月生まれ
京都府出身、東京都在住
聖心女子専門学校英語科卒業
著書『家事をしつつ、自閉症児と親介護を考える①②（息子特殊学級高学年～特別支援級中学卒業まで） 2005年12月～2010年3月』（東洋出版、2023年9月）

つぶされる女 自閉症児と親介護にはさまれて

2025年2月15日 初版第1刷発行

著 者 Kisaragi
発行者 瓜谷 綱延
発行所 株式会社文芸社
〒160-0022 東京都新宿区新宿1－10－1
電話 03-5369-3060（代表）
03-5369-2299（販売）

印刷所 TOPPANクロレ株式会社

ISBN978-4-286-26157-7 NexTone PB000055522号